戦略的管理会計

キャッシュフローと価値創造の経営

浅田孝幸【著】

Strategic

Management

Accounting

有斐閣

目　　次

第 I 部　キャッシュフロー予測と会計利益の基礎

価値創造経営の流れ

　本書では，管理会計の新たな視点に立った基本理論の説明とその実際的な応用を解説する。新たな視点とは，株主・投資家の視点から企業経営をとらえ直し，経営者・管理者はどのように管理会計情報を利用してマネジメントすべきかを考察することである。この視点は，株主・投資家の視点ということから，意思決定アプローチに立った財務会計に接近することでもある。しかし，一般的に財務会計においては，企業内の資源配分，組織（事業部，カンパニー）の業績測定，管理者業績評価，継続的なコスト改善などの課題は，直接的には取り扱われない。そのような課題を，これまでの経営者からみた業績管理会計の視点，あるいはマネジメント・コントロールの視点から検討しようとするものである。ここでは，原則的にみて企業統治者である株主・投資家の視点でとらえ直すことになる。エージェンシー理論によると，企業は，株主から委託されたエージェントにより株主価値を実現するための手段である。しかし，必ずしもエージェントとしての経営者は株主の意図あるいは目標に立って経営をするとは限らない。少なからず経営者は，自己の目標あるいは組織としての自律的目標を追求する。これは，アメリカ流の原則的な企業統治原理からみれば乖離であり，原則違反でもある。そのために，株主は取締役会を作り，報酬委員会や監査委員会を組織して経営者の活動をモニタリングし，経営者の報酬システムを設計し，さらに株主の目標に一致するための報酬パッケージを作ろうとする。このような仕組みの基礎には，報酬パッケージのデータとして，会計利益測定やキャッシュフローの測定が大いに関係しているといえるだろう。このことは，経営者が株主・投資家の意

図を実現するためには，企業経営のための管理会計システムについても，株主価値を考慮した設計が少なからず必要であることを示唆しているともいえる。

　株主価値創造の経営の視点からみた管理会計として，本書の内容をとらえることにしたい。もちろん，実際の企業にとっては，この視点のみから経営することは，必ずしも企業経営を進めるうえでベストではないかもしれない。むしろ実際の経営者のもつバランス感覚からみて，株主価値，従業員価値，それに顧客価値などの多目的を環境にあわせてバランスさせた成果を実現していくことこそが，経営を実施しているということであろう。他のステイクホルダーの利益を最小限の制約とみて，一種類のステイクホルダーにのみに注視し，残余としてのより大きな価値を株主のみに提供することは，むしろ公的な企業としては短期的には成功するとしても，長期的な企業の成功のための原理とはいえないかもしれない。なぜなら，株主価値を最後のよりどころとする場合には，しばしば制約としての多目標は，経営者の恣意性により必要以上に低く抑えられる可能性があるからである。また，企業情報の結果的な開示のみでは，それらステイクホルダーの目標をバランスさせているという証拠そのものを必ずしも示さないからである。その意味から，価値創造経営といっても，これまでの経営目標のとらえ方において，利益目標という視点から，資本市場での企業価値も経営者・株主の関係を重視するという視点のみを強化したものとみられる可能性があるかもしれない。そのような課題を抱えるが，それでも本書で示すように，経済活動の大きな評価スキームは，株主・従業員の関係（従業員であり株主であるケース）を曖昧にしながら，確実に株主価値を基本にした企業価値向上の視点に立った経営を薦めているといえるだろう。それはある意味では，企業経営の最終的な規律を維持するための保険システムでもあるといえる。

　そこで本書は，第Ⅰ部で，その価値創造経営の考え方の基礎にある理論について，基礎的なレベルの考察を事例を交えて検討する。第Ⅱ部では，それの具体的な展開である，スループット会計，SBU経営，カンパニー経営などの新たな管理会計問題を取り上げ，その内容を第Ⅰ部で取り上げた視点から検討することとしよう。

キャッシュフロー予測と会計利益の基礎

第1章 キャッシュフローと会計利益

は じ め に

　前述したとおり，株主価値（投資額に対する将来のネット収入の正味価値が，その機会費用を上回る価値）を実現することは，株主がその投資により短期的な収益の最大化を期待するよりも，中・長期的な株主価値の最大化を期待していると考えることである。これは2つの要素，すなわち顧客価値の実現と従業員価値の実現を前提にしてはじめて可能になる。この場合の顧客価値とは，購入したものが支出以上の効用をもつとする実感を顧客に提供していることである（田中編著 [1998]）。また，従業員価値は，企業から従業員の得る収入と主観的な利得の合計が，その提供する労働・サービスの機会費用を上回る部分をさす。企業における事業価値の創造は，従業員によって購入原料に付与したさまざまな労働により生成されることを前提とする。彼らの提供するアイデア，ノウハウ・知識などから，設備資本・原材料・労働量の単純和でない相乗効果が期待されるのである。しかも，機械や設備はある意味ではいずれのサプライヤーからでも購入できるが，それをどのように使い，またそれを利用して顧客の望むものを創造するのは，従業員のアイデア，企画，工夫である。とすれば，株主価値を実現するには，他社を上回る従業員価値の実現によってはじめて，それが可能となると考えるべきであろう。このようにこれら3つはきわめて密接に関係しており，むしろこれがバランスするような視点から経営を展開することこそが，ここでいう株主価値の実現

に貢献するのである。そこで会計では，そのような価値経営の視点から経営活動をとらえるために，会計利益最大化という視点とは少し異なる側面が追加されてきている。その1つが，キャッシュフロー最大化であろう。しかし，このキャッシュフローは，過去の計算であれば測定とその開示で十分であるが，将来の企業価値を考えるうえでは予測キャッシュフローを扱う必要がある。そこで，第2章と第3章では，予測キャッシュフローに関する時間価値，その推定と変動性に関する問題，およびその概念を利用した投資問題を考察する。次に，企業価値をキャッシュフローからみるとき，管理会計の測定システムとして，どのようなデザインが必要であるかを考察する。それが，第4章で扱うABC計算システム，TOC計算システムである。さらに第II部の第5章では，経済的利益計算システムについて取り上げる。第6章では，第4章で展開した問題と第5章との融合を検討する。

1 企業会計システムの機能

　現在の会計は，発生主義会計という考え方に立ち取引を処理している。この考え方は，多くの先人の努力により完成されたもので，会計学の基礎を形成するうえで大きな意義をもっている。しかし，このことが，会計で計算された業績について多くの誤解を生み出していることにも注意しなければならない。たとえば，黒字なのに手元にお金がないという現象もその一例である。すなわち，利益の増減とキャッシュフローの増減の時間的なずれの問題である。現在の会計は，発生主義原則に基づく期間損益計算を基礎にしている。ある期間で発生する損益は，当期に実現した売上高から，その同じ期間に帰属すると考えられうる発生費用を差し引いて求められる。このために，役務ないしは商品の提供が行われたがいまだ現金として回収されていない債権が収益として計上される。また，役務を提供していないが，すでに現金の提供を受けている項目は，負債として収益から控除される。一方，費用については，有形固定資産と呼ばれる企業にとって資本財として長期間にわたり利用される資産は，長期間に費用化するための処理，すなわち費用性資産（有形固定資産）の取得原価の期間配分である減価償却費の期間帰属計算が行われ

期間費用として認識される。そのため，固定資産の購入によるキャッシュアウトフローの時点と費用の認識時点とが大きく乖離することとなる。

　キャッシュフローのインとアウトは，その発生した時点でネットの差額（正味キャッシュフロー）が認識される。しかし，会計での収益・費用計算は，その会計期間（制度では半年と1年，企業経営のためには1ヵ月もしくは1週間単位）における収益と費用の期間帰属を行うことで，その差額としての成果である利益は計算される。会計の開始・決算のサイクルは，期間収益と期間費用をベースにして行われることになる。

　しかし，その利益について，非常に多くの概念が存在する。キャッシュといえば，現金あるいは現金等価物としてある程度限定できるが，利益にはさまざまな名称が付されている。たとえば，営業利益，経常利益，当期利益などである。このことは，どの利益が重要なのかという考え方を反映したものではあるが，経営者やマネジャーに誤解を生む原因にもなっている。本章では，利益に関する測定の問題から少し異なる視点で，会計測定を問題にする。

　ある期間の会計利益の測定としては，営業からの収益とそれに関して発生した費用とを計算して，その差額として利益を求めるのがまず第1であろう。しかし，これでは不十分な計算となる。会計利益を計算するうえでは，もう1つのサイクルが存在する。財務取引により発生する費用と収益，およびその同じ期間を対象にして，収益に貢献しないが，その期間の臨時の費用・損失，あるいは臨時の利益として計上するものがある。建物などの固定資産で減価償却されずに残っている部分，すなわち未償却残高のある場合に，その資産が売却されると売却益が発生する場合などがこれに該当する。たとえば，「売却額−（建物の取得原価−建物の減価償却費のこれまでの累計額）−売却にかかわる取引費用＞0」の場合に発生する。この場合の現金流入額（キャッシュインフロー）は，「売却額−売却にかかわる取引費用」である。このような臨時の収益あるいは臨時の損失を計算するのも，もう1つの第2の会計サイクルである。この財務損益と臨時損益は，計算のうえでは利益を求めるために計算されるが，財務活動および投資活動からのものであることに注意する必要がある。それ以外にも，投資資産の決算時点での時価評価による評価損益，合併や買収に伴う合併差益や差損，さらにはドルあるいは

図表 1-1 会計サイクル

第1サイクル

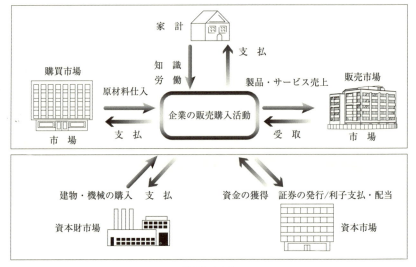

第2サイクル

ユーロなどの外国通貨で評価された資産について，決算時点におけるローカルな通貨から機能通貨への変更による為替換算調整勘定により持分の調整がなされる部分に関するものなども，資産計上を通じて持分もしくは企業損益に影響する。この合計結果が，当期の包括的な利益になるといえる。

　このためにキャッシュフローの動きと会計利益の動きとが，短期的にみればますます乖離することになる。会計のサイクルは，図表1-1の関係として説明できるだろう。

　この2つのサイクルをもとに，経営の正常な活動に基づいてその成果を表示しようとするのが損益計算書である。さらにそれを企業の一定時点の財政状態として，将来生まれる便益への繰越・繰延分およびそれに対する請求額を表示したのが貸借対照表である。この2つで，経営成績ならびに財政状態を示すことが原則的には可能である。さらに，財務会計制度として，2000年3月期より，キャッシュフロー計算書を財務諸表の1つに含むことになった。これが，投資家の視点から公開会社をとらえ直すことが叫ばれつつも，

現実にはアナリストや専門家の分析をまたないと，経営活動や経営者の決定方針などを具体的な数値で分析できなかった財務諸表に新たな分析視角を提供することになった。もちろん，投資家の視点は必ずしも株主の視点と同じではないが，投資家の視点を反映したものが株主の視点であるとここではひとまず仮定することにしよう。3つの財務諸表は，図表1-2のような関係がある。

　この会計利益を求めるための計算システムこそ，会計の基本的な役割である。これにより企業の一定期間のパフォーマンスが確定し，そのために投資された資源，すなわち総投資額に対する純成果の比率をもって企業の成果の大きさをみようとする考え方につながるといえる。これは，当然ながらより効率的な企業であるほど，より少ない投資で大きな純成果，すなわち会計利益を計上しうる。換言すれば，その ROI（return on investment：投資資産に対する利益の比率）は高まることになる。

　企業会計の意義の1つは，投資に対するリターン（利益）を明らかにすることにある。それ以外にも，企業の獲得した余剰資金を外部に配分する原資を明らかにする意義や，外部の与信者へ企業の健全性や安定性などの財務体質を判断するうえでの重要な財務情報を提供する意義をもつことはもちろんである。

　多くの論者による異なる会計機能の有用性についての論議はきわめて多いといえる。それだけ会計の計算された利益が利害関係者の利害得失に密接に関係するからである。しかし，現代の会計計算の最も大きな意義は，資本市場における投資家のために企業価値を判断するための情報を提供する計算システムということにあるだろう。その理由は，1つには，グローバルな市場経済の進展にある。多くの国をまたがり事業活動を展開する企業にとっては，国や地域はもはや場所代を払う対象であり，経営成果は原則として国籍に無関係に株主に還元されることを行動原理にしているといえる。2つめには，情報技術の革命的な進歩により支持されながら，組織を横断して結合計算される会計利益は，国を越えて共通の経済組織の評価フレームワークにそって計算されるべきだとの主張である。それは，株主―取締役会―最高経営者―企業組織という一連の階層関係が，企業の経済的な支配力の及ぶ範囲で結

図表 1-2　3つの財務諸表

営業開始─────────取引活動─────────決算／開始─────────決算
1999年1月1日　　　　　　　　　　12月31日／2000年1月1日
(1)　開始貸借対照表　　　　　　　　(2)　期末貸借対照表

現金	買掛金	現金	買掛金
材料	借入金	売掛金	短期借入金
購入部品	資本金	材料	貸倒引当金
機械	資本準備金	購入部品	前受金
建物	剰余金	製品	社債
開業費		仕掛品	資本金
創業費		貸付金	資本準備金
		機械	剰余金
		建物	当期利益
		開業費	
		新株発行費	

(2)−(1)＝売上高−費用＝損益計算書(3)

(2)における現金残高−(1)における現金残高＝経常活動からの現金収支＋
投資活動からの現金収支＋財務活動からの現金収支＝キャッシュフロー計算書(4)

(3)　損益計算書　　　　　　　　(4)　キャッシュフロー計算書

売上原価	売上高
給与	機械売却益
減価償却費	受取利息
貸倒償却	
開業費償却	
新株発行費	
償却	
支払利息	
法人税	
当期利益	

1)　営業活動からのキャッシュフロー
　　　売掛金回収額　　　　　　　＋
　　　製品前受金　　　　　　　　＋
　　　受取利息　　　　　　　　　＋
　　　買掛金支払額　　　　　　　−
　　　従業員への給与　　　　　　−
　　　利子支払額　　　　　　　　−
　　　法人税支払額　　　　　　　−
　　営業活動によるネット・キャッシュフロー　　(ア)
2)　投資活動からのキャッシュフロー
　　　建物購入支出額　　　　　　−
　　　機械購入支出額　　　　　　−
　　　機械売却入金額　　　　　　＋
　　　創業費支出　　　　　　　　−
　　　開業費支出　　　　　　　　−
　　投資活動によるネット・キャッシュフロー　　(イ)
3)　財務活動からのキャッシュフロー
　　　株式発行による入金　　　　＋
　　　社債支払利子　　　　　　　−
　　財務活動によるネット・キャッシュフロー　　(ウ)
　　正味キャッシュフロー増加・減少高　　(ア＋イ＋ウ)
　　1999年1月1日現金残高　　　　(エ)
　　1999年12月31日現金残高　　(ア＋イ＋ウ＋エ)

合化（consolidated）された成果を明らかにすることを要求しているということである。3つめは，企業間の関係の変化である。これまで，一般的に大企業で多国籍と呼ばれる企業は，垂直的な統合化の範囲による経済性の実現・利益獲得を基礎にしてきた。しかし，市場・技術・情報の劇的な変化は，そのような支配原理を前提にした企業戦略を無効にしており，むしろ資源・情報・貨幣を抱え込むのでなく，企業は自分の得意とする事業あるいはプロセスを中心に組織化される必要がある。このことは，1社がある産業や市場ですべてを担当することから，専門化された企業間の価値連鎖（すなわち，独立した企業がある事業分野についてお互いに協調して事業のプロセスの相互補完や協調を提携というかたちで行う）により事業を構成することになる。その結果として，企業間のさまざまな契約において，会計情報あるいは市場での企業価値の大きさやその成長率が，企業間の契約内容を支える基本データとしても機能しはじめているのである。

　さらに，日本に限れば，これまでの銀行系列による都市銀行を中心にした企業への間接金融による資金供給から，バブル期の異常な不動産融資とその不良債権化を受けて，1990年代からの大企業を除く一般企業への銀行融資残高の縮小と，収益率・成長率の高いところへの資金融資，それに企業側での自己金融による資金確保の仕組みを模索する動きがある。すなわち，銀行中心の資金供給から，直接金融や自己資金を確保したマネジメントを重視する流れである（忽那［1997]）。

　そのような企業を取り巻く環境の激変や会計システムをめぐる財務会計ディスクロージャー制度の大きな変化のなかで，会計計算およびそれに関連するシステムは3つの大きな流れの変化を遂げてきた。1つは，主要な企業を中心にした企業グループの業績の開示である。2つめは，国際間で比較可能な財務業績の開示である。そして3つめは，キャッシュフローの開示である。この3つの流れは，管理会計においても新たな課題を提起している。第1は，グループ企業の業績を中心にした企業グループの業績評価会計の流れである。第2は，国や地域を越えた企業の工程あるいは事業プロセスの分業と統合を計画・管理・評価するための業績管理会計である。これにより，企業はその国籍に関係なく共通の尺度で評価されることが，株主を含む利害関

係者に必要な情報を提供するうえで重要になりつつある。第3は，株主価値を実現するうえで，企業経営者の投資行動の内容・傾向を判断するために正味キャッシュフローを重視した企業グループの評価・計算システムの構築である。

キャッシュフローを重視した会計計算は，ある意味では，内部会計といわれる管理会計の論理を財務会計の世界でも利用しようということでもある。すなわち，企業を取り巻く主要な利害関係者（株主・債権者，顧客，従業員，政府）の意思決定のために，会計情報の利用を可能にしようとするものである。

公表される財務諸表により，キャッシュフローの期間当たりの増減が，企業の投資（設備，研究，開発などの将来価値を増加させるためのキャッシュアウトフロー）とその投資からの成果である営業活動からの正味キャッシュインフローとで，明確に区分される。さらに，そのキャッシュの調達源泉を財務と営業とで区分して明らかにしようとする方法論は，経営者の基本的な思考にも関連している。

2 キャッシュフローと会計利益の相違

前述した図表1-1の説明に戻ることにしよう。ここでは，第1サイクルは，製品・サービスの販売による収益から，購買市場への支払，家計への支払を行うことになる。これにより，短期の資金の活動循環が維持され，会計サイクルでは，材料購入→供給者支払→製造→在庫→顧客販売→収益受取→給与支払→債務支払→利益の実現，という流れが維持されることになる。このサイクルでは，損益は経常的に売上高あるいは販売額から購入・製造にかかわる費用を差し引いて求められる。この差額がプラスであれば利益となるが，企業の成長期においてはしばしば，「売上高－費用」による差額が必ずしも現金残高でみた場合に余剰を生み出すものでないことに注意しなければならない。すなわち，その余剰分は，現金以外の資産の増加として存在する場合があるからである。その理由はいくつか考えられる。第1サイクルでは，とりわけ当座資産としての売掛金，受取手形の増加が考えられる。これが，

キャッシュフロー計算書で明瞭に表示されることになる。

　さて，この第1サイクルに対して，第2サイクルは図表1-1の下部で説明されている。ここでは，資本財（機械や建物，それに土地などの長期性資産）を購買市場から購入し，それを生産あるいは販売などに利用することで経営活動を展開する基礎を形成する部分である。これには，資本財の売却や廃棄といった活動も含まれる。もう1つは，資本財を資本財市場から購入するために資本市場から資金を提供してもらい，資金提供者に確定利子の支払を約束した証券を発行するか，あるいは新規株式発行による資本金の増資により資金を提供してもらい，見返りとして配当を行うことである。これは，資本市場に関連する企業の取引活動である。

　会計のこの2つのサイクルを区別する意義は，以上の説明にもあるとおり次の点にある。

　(1)　経常的な資金循環活動により生じる購買・生産・販売活動に伴う成果を計算し，その内容を確定すること。

　(2)　臨時的あるいは資本財取引に関する活動による支払，および資本財の購入，売却・廃棄に伴う取引を計算し，その影響を期間成果のなかで確定すること。および，それら資本財の購入に必要な資金の獲得のために社債の発行や株式の発行および資金の返還にあたる株式の消却，社債の償還に関する取引を計算し，確定すること。

　この上記2つは，経常的な活動（損益取引），資本財の購入（資本取引）とそれに必要な財務的取引活動（財務取引）とに区別されることで，企業の2つめの活動（第2サイクル）をさらに細分して，3つの活動内容として会計記録・報告で明らかにすることができる。

　しかし，この伝統的な損益取引と財務・資本取引の区分では，企業における短期的な決済手段である現金（以下ではキャッシュフローと呼ぶことにする）の詳細な使途をとらえることができないので，もう1つの計算方法が求められてきた。また，このことは経営上の表示方法のあり方にも影響を与えている。図表1-2を参照してほしい。これは，企業でよく利用される企業の経営成績を示すもので，財務諸表と呼ばれる。これには損益計算書，貸借対照表，それに新たな道具としてキャッシュフロー計算書が採用されることに

なった。

　3つの財務諸表には，それぞれ異なる意義が付与されている。貸借対照表は，会計期間の期初と期末における財政状態を示す。すなわち，この図表1-2では，1999年1月1日での営業開始時点での資産，負債それに資本の状態（すなわち財政状態）を示すことになる。(1)の開始貸借対照表では，この関係が左に資産と右に負債・資本の関係で示されている。同じく，(2)の期末貸借対照表では，1年間経過した後の財政状態が示される。この(2)と(1)の差額は，1会計年度における純損益，すなわち経営成果を源泉別に明示したものであり，(3)の損益計算書となる。これも慣用的な表示方式に従い，ここでは左に費用と利益，右に収益を表示している。しかし，ここでは包括的な経営成果を示すもので，収益を区別しては示していない。同じことは費用についてもいえる。最後の(4)のキャッシュフロー計算書は，財政状態の変化を現金の動きで示しており，最も短期における決済資金である現金がどのように使用され，どのように企業に戻ってきているかを認識できる。ここで，第3の財務諸表であるキャッシュフロー計算書は，先ほどの説明した3つの取引の流れ，すなわち損益取引，財務取引，投資取引を，キャッシュフローの動きから示すという点で新たな役割が付与されている。財務諸表には，この3つ以外に，利益の処分を明らかにするための利益処分計算書が必要であり，そこでは1会計期間での企業の利益の配分方法が明らかにされる。

　管理会計においては，これら以外に，各種の製造原価表が作成される。これらは，(2)ならびに(3)を作成する基礎資料となるが，詳しい解説は後章で行うことにしよう。

　損益計算書の意義は，短期の経営成果を会計利益数値で示すことにある。とりわけ，短期経営成果として，売上高から売上原価を控除した売上総利益は，経営成果の直接的な結果を示すものである。さらに，経常利益，税引前当期利益，さらに税引後利益がある。経常利益は文字どおり，経常的な企業活動の成果を示すもので，このなかには営業外損益として各種の財務活動に関する取引で発生した損益が含められることになる。たとえば，負債に関する支払利息，支払割引料，さらには一時所有の有価証券の売却損，社債発行差金償却などである。さらに，棚卸減耗損や外貨建債権の為替損益といった

損失で経常的に発生するもの，企業の存続期間にわたり本来は配分して負担すべきである創立費償却，開業費償却もここに含まれる。営業外収益としては，投資勘定からの受取利息収入，受取配当金，有価証券売却益などが入る。最後の当期利益を計算するための特別利益・特別損失は，臨時損益と前期損益修正損益とからなる。臨時損益には，固定資産の売却損益，災害による損失などが含まれる。また前期損益修正には，過年度の引当金の過不足修正，償却済みの債権の取立額などが入る。

　当期利益としての会計利益（accounting profit）は，このように各期間を区切り，そのなかで発生した収益と費用と臨時損益をすべて測定したものである。収益には，狭い意味での経営成果としての売上高から臨時の収益や贈与などの臨時収入を加え，さらに最近では，さまざまな金融資産の決算時点での時価と取得原価などとの差額についても臨時損益として算定される場合がある。同じことは，費用についてもいえる。決算時点での短期的金融資産の評価損失や偶発債務に関する各種の引当金により損失が計算される。こうしたことから，会計計算システムにおける利益は，企業の活動の多様性にあわせて，発生主義を原則とする会計計算だけでなく，さまざまな例外規定を考慮した結果としての会計利益を計算的に求めたものと理解していいであろう。

　以上のうちで代表的な会計利益は，経常利益である。これは，経営の成果としては最も重視される項目ではあるが，現代の企業活動の成果を計るうえで，それのみで経営成果を判断するには問題を抱えている。

　第1は，どれだけの成果が効率的に生み出されたかが必ずしも明らかではないことである。第2は，株主への成果の大きさを必ずしも示さないことである。第3は，資本調達のコストの違いをどのように反映して経営者は資本を調達したのか，その状況を示さないことである。そして第4には，短期的な企業活動の財務安定性や将来の財務ポジションを明らかにしていないことである。このような指摘のうち，第1と第2の視点から改善されたのが，ROEやROIによる経営成果の評価である。

　たとえば，ROE（return on equity：株主資本利益率）は，税引後当期純利益を株主資本で割ったものである。これは，ROIと同様に比率指標であるが，ROIより株主を意識した成果目標である。なぜなら，株主資本当たり

の経営成果を問題にしているからである。しかし，会計利益であることから，会計基準や会計方式の選択（減価償却方式の定率・定額，棚卸資産の評価方法としての先入先出法・後入先出法などの選択）といった経営者の会計政策の影響を受けること，企業評価の指針になるが絶対額で示さないので，これからの企業の投資行動の説明にならないことなどの点があげられていた。このような会計利益のもつ限界から，キャッシュフロー計算書が重要な会計情報提供手段として登場したともいえるだろう。

さらに，損益計算で忘れてならない点として課税がある。すなわち，企業が国・地方自治体に収める租税などである。このうち，固定資産税や自動車税などの企業活動に不可欠な税金はコストであり，すでに原価に含まれているが，利益にかかる課税分（法人税，住民税，事業税）は，利益処分とされているが，株主価値の視点からみればコストとみるべきであろう。いずれにしても，資本収益性の計算・分析においては，コストとして扱うのが一般的である（五十嵐［2002]）。

キャッシュフロー計算書の意義は，5つある。第1は，過去の現金の流れは，将来の現金の流れを知る合理的な予測要因であること。第2は，投資家が現金の流れをみることで，事業が拡大しているのか縮小しているのかの判断に利用できること。また，営業活動から生み出された現金をどのように再投資，あるいは株主に還元しているかの経営者行動を判断するデータとなること。第3は，株主・債権者への支払能力が実際どの程度あるのかを判断する資料となること。第4は，企業の安全性を判断する重要な資料であること。しばしば企業経営においては，利益は出ているが短期の債務支払に必要な現金が不足し，倒産するという事態が発生する。とりわけ，成長企業においては，投資家からみて信用力不足からこの課題が重要となる。そして第5は，会計基準や会計選択に影響されないということである。

3 キャッシュフロー計算書

キャッシュフロー計算書では，前述したとおり，計算書を3つのサブセクションに分けている。

(1) 営業活動からのキャッシュフロー——経営活動からの現金流入出額を示しており，次の7項目からなる。① 顧客への売上債権の回収額。② 受取利子現金受取額。これは期限を超えた売掛金の金利相当額をさす。③ 受取配当金。これは株式への投資からもたらされる配当金で，他社の支配を目的として所有されている株式からのものは除く。④ 購買先への買掛金支払額。⑤ 従業員への給与・賃金支払額。これは従業員へのすべての短期的支払の合計である。したがって，未払給与は当然控除される。⑥ 短期借入金の支払利子。⑦ 法人税支払額。

(2) 投資活動からのキャッシュフロー——投資活動からの現金流入出額を示す。これは，企業が成長過程にあるのか，あるいはすでに成熟して新たな投資先や事業を模索しているのかを判断するバロメータである。たとえば，ある企業が設備を買い，そのための原資をどこから賄っているのかを判断するのは，この部分である。これは2つの部分からなる。1つは，資産購入あるいは設備投資による現金支払と他社への貸付，あるいは長期的な目的での他社の株式購入などである。もう1つは，設備資産である自社建物や機械の売却による現金流入額である。企業がリストラなどでこれまでの資産を売却した場合，新しい事業に投資を行うという前向きの資産売却であるのか，あるいは後向きの資産売却であるかの判断資料を提供することができる。

(3) 財務活動からのキャッシュフロー——会計の第2サイクルに該当する資金の調達活動をさすが，ここには，株式発行による自社資本金の増資による現金流入，あるいは自社株購入による現金支出を含む。また，社債，長期借入金に対する返済，それに現金配当が対象になる。ここでは，社債利子のような経常的な費用は，営業活動に入れていることに注意する必要がある。

図表1-3上段のType 1とType 2は，日本でのキャッシュフロー計算書が，形式において選択適用を認められていることを示している。Type 1は，間接法により作成されており，純利益から後戻りして計算する方法である。Type 2は，直接法により作成され，キャッシュの源泉別の収支を明示しているのが特徴である。

一般的には，Type 2に従い説明するのが便利であろう。後に説明するフリー・キャッシュフローの概念を説明するのに都合がいいからである。

図表 1-3 2つのキャッシュフロー計算書

(Type 1) 資金運用表

資金の源泉
- 営業活動からの資金
  - 純利益 510
  - 減価償却費 <u>150</u> 660
- 借入 <u>400</u>
- 資金の源泉合計 <u>1,060</u>

資金の運用
- 設備取得 280
- 投資有価証券 220
- 現金配当 300
- 運転資金の増加 <u>260</u>
- 資金の運用合計 <u>1,060</u>

(Type 2) 現金収支表

営業活動:
- 売上収入 2,680
- 仕入支出 (1,460)
- 諸経費支払 (790) 430

投資活動:
- 設備取得 (280)
- 有価証券取得 (220) (500)

財務活動:
- 借入 400
- 配当支払 (300) 100

現金増加 30
- 期首現金 180
- 期末現金 210

(Type 1) 運転資金明細書

	19×7年 3月31日	19×8年 3月31日	運転資本 増加	運転資本 減少
現金	180	210	30	
売掛金	220	150		70
商品	100	300	200	
買掛金	(250)	(130)	120	
未払費用	<u>(80)</u>	<u>(100)</u>		20
運転資本	<u>170</u>	<u>430</u>		
運転資本の増加			<u>260</u>	
			350	350

(出所) 佐藤[1998] 40ページ。

以上のような流れにおいて、とりわけキャッシュフロー計算書がどのような状況を説明しているかもう一度整理すると、図表1-4のようになる。すなわち、営業活動からのキャッシュフロー、投資活動からのキャッシュフロー、それに財務活動からのキャッシュフローに分かれている。

すでに、第1節でも説明したが、日本版キャッシュフロー計算書には、当期純利益から計算する方法と営業活動に関するすべての活動をキャッシュの視点からとらえる方法とがある。ここで、簡単に日本版の特徴を再度示すと、以下のとおりである。日本版では、当期純利益に税金・受取利息・支払利息・受取配当金が明示化されていないので、それを戻してから計算をスタートしている。また、法人税は、原則は利益の処分であるので基本的には財務

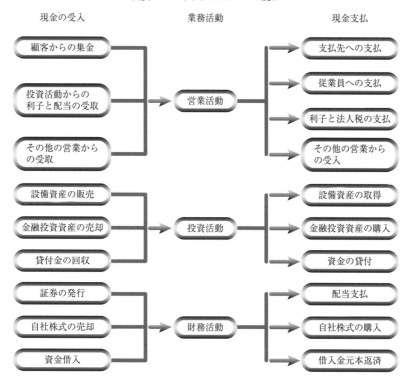

図表 1 - 4　キャッシュフローの流れ

| 現金の受入 | 業務活動 | 現金支払 |

現金の受入:
- 顧客からの集金
- 投資活動からの利子と配当の受取
- その他の営業からの受取
- 設備資産の販売
- 金融投資資産の売却
- 貸付金の回収
- 証券の発行
- 自社株式の売却
- 資金借入

業務活動:
- 営業活動
- 投資活動
- 財務活動

現金支払:
- 支払先への支払
- 従業員への支払
- 利子と法人税の支払
- その他の営業からの受入
- 設備資産の取得
- 金融投資資産の購入
- 資金の貸付
- 配当支払
- 自社株式の購入
- 借入金元本返済

的取引であるが，日本版では営業キャッシュフローに調整されている。その
ほか，調整方法において，必ずしも欧米のキャッシュフロー計算書と同じで
はないが，大方の項目は一致している（図表 1 - 5）。

　このなかで，営業からのキャッシュフローには，投資活動からと財務活動
以外の取引によるキャッシュフローが記載される。その例としては，「災害
による保険金収入，損害賠償金の支払がある」。またこれらの区分を明確に
するために，営業活動からのキャッシュフローとその他の活動からのキャッ
シュフローとが区分される（図表 1 - 6）。「利息および配当金の表示区分は，
継続適用を条件として，図表による 2 つの方法のうちいずれかを選択適用す
る（作成基準，第二，二，3）。なお，利息の受取額および支払額は総額表示
する（作成基準，注解）」（和久［1998］66 ページ）。

図表1-5　間接法による営業キャッシュフロー算出の仕組み

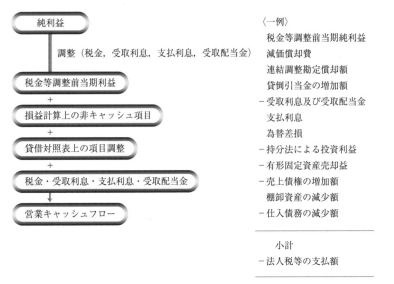

〈一例〉
　　税金等調整前当期純利益
　　減価償却費
　　連結調整勘定償却額
　　貸倒引当金の増加額
　−受取利息及び受取配当金
　　支払利息
　　為替差損
　−持分法による投資利益
　−有形固定資産売却益
　−売上債権の増加額
　　棚卸資産の減少額
　−仕入債務の減少額

　　　小計
　−法人税等の支払額

　　　営業活動からのキャッシュフロー

（出所）　小宮［1998］69〜70ページ。

図表1-6　利息および配当金の表示区分

判断基準	該当科目	表示区分
（1）損益の算定に含まれるか否か	受取利息，受取配当金，支払利息	営業活動によるキャッシュフロー
	支払配当金	財務活動によるキャッシュフロー
（2）投資活動の成果が財務活動上のコストか否か	受取利息，受取配当金	投資活動によるキャッシュフロー
	支払利息，支払配当金	財務活動によるキャッシュフロー

4 キャッシュフロー会計での成果測定

ある識者によれば「会計」は意見を表明するものであるが，キャッシュフローは事実を表明しているともいわれている。また，アメリカの調査では，株価とキャッシュフローとの相関が高いという報告もある。たとえば，次の文章を掲げておこう。

「ボーイング社は，様々な異なる指標がどの程度公開企業の株価についての説明力をもつかを示す相関図を見た結果，株価収益率（PER）と1株当たり利益（EPS）成長率の間にはかなり低い相関しかなく，時価純資産倍率（PBR）とROEから資本コスト（資本資産評価モデル）を控除したものに関すると，それより若干ましな相関が見られる程度だということが分かった。一方，株価とアナリストの公表するキャッシュフローの将来予測に基づく1株当たり予測価値の間には強い相関が見られた」（ドノバン，タリー，ワートマン［1999］82〜83ページ）。

さらに，最近の経済的利益の研究からEVA（economic value added, スターン・スチュワート社の商標登録）と呼ばれる概念は，財務論をベースとしたキャッシュフロー・ベースの投資利益率の測定を中心としている。日本の制度会計においても，キャッシュフロー計算書が正規の財務諸表（2000年3月期決算から）になり，ますますこの分野への関心が高まったといえるだろう。それをさらに加速化するものに，日本における金融制度の抜本的な変化の動きがある。すでに銀行界での護送船団方式は多くの点で破綻し，BIS規制による自己資本比率規制により，銀行はかつてのようなオーバー貸出は不可能になっている。企業経営からみれば，まさに自社に必要な運転資金は自社で確保しなければならない時代の到来である。アメリカの企業経営に対する1つの見方として，次のような指摘もなされている。すなわち，キャッシュフロー経営として，持分サイドでのコスト管理（自己資金の活用と株式の発行・消却の弾力的活用）の徹底化が大きな意義をもってきたこと（図表1-7参照），さらにはIT投資による生産性の向上を通じて，資金であるキャッシュフローの一層の効率化を実現しようとしたことである（小宮［1998］42ページ）。

図表 1 - 7　日米比較の資金調達パターン（1988〜92 年）

日本企業（金融を除く全産業，%）						アメリカ（金融を除く全産業，%）		
中　小		中　堅		大企業		A	B	内外資金による株式消却
A	B	A	B	A	B			
1988年	86.4	13.6	85.5	14.5	74.3	25.7	19.0	81.0	26
1989年	85.7	13.4	86.4	13.6	73.8	26.2	13.0	87.0	27
1990年	85.4	14.3	86.7	13.3	73.9	26.1	10.0	90.0	14
1991年	−	14.6	85.9	14.1	73.8	26.2	− 12.0	112.0	− 3
1992年							12.0	88.0	− 6

(注)　A は外部資金比率，B は内部資金比率。また，日本の中小は資本金 1000 万〜1 億円未満，中堅は資本金 1 億〜10 億円未満，大企業は資本金 10 億円以上。
(出所)　アメリカは Board of Governors of the Federal Reserve Systems, Division of Research and Statistics, *Flow of Funds Accounts, Various Issues*，日本は忽那 [1997] 3 ページ。

　そのキャッシュフローの効率化を考えるうえで，3 つの区分が考察の基礎になる。それは，営業活動，投資活動，それに財務活動からのキャッシュフローの区別である。このうち，営業活動から生み出されるキャッシュは，運転資金に一部充当され，さらに取替え資産の再投資にまわされるが，残りは経営者により株主に配分されるか債権者に返済されるか自由に選択される余地をもつ。これは，「企業が自由に使えるお金」あるいは「株主・債権者に分配可能なキャッシュフロー」として定義され，フリー・キャッシュフロー (free cash flow) と呼ぶ。このフリー・キャッシュフローは，計算としては，営業活動から獲得されたキャッシュインフローから，経常的な経営活動に必要とされるキャッシュアウトフローを引いたものである（もっとも，櫻井・佐藤編著 [1999] によれば，日本では，① 受取利息・受取配当金を投資活動の区分で表示すること，② 支払利息，支払配当金を財務活動の区分に表示することを行うと，営業活動のキャッシュフローから投資活動のキャッシュフローを引いたネット額がフリー・キャッシュフローと同等になるとの指摘もある）。

　フリー・キャッシュフローなるものは，Jensen and Meckling [1976] により，エージェンシー理論（契約により委託者と代理人関係において成立する課題を解明する理論枠組み）からみた場合に，企業経営者の活動を評価するうえで注目された概念である。これは，株主の代理人として経営にあたる専門家は，このフリー・キャッシュフローをしばしば自己の利益に使い，株主に

還元しない行為をとる。これが，フリー・キャッシュフローのエージェンシー・コストであると指摘されていた。

　このフリー・キャッシュフローは，実際はどのように使われているのか。次の3つの用途が考えられる。第1は財務体質の強化・改善，第2は株主への還元，第3は戦略的な投資である。財務体質の強化とは，借入金の返済，社債の償還をさす。株主への還元としては，配当金の増額，自社株式の購入・消却がある。第3の新規事業への投資とは，それに必要な企業の買収・合併である。いずれにしても，資金の投資目的により，経営者の政策がそこに明確に反映されることになるので，利益の増減情報以上に投資家やアナリストは注目するようになった。さらにいえば，投資目的として株主価値，すなわち将来実現するであろう株主価値（将来配当額の正味現在価値とキャピタル・ゲインの正味現在価値）が現在の投資コストを上回らないのであれば，その投資は株主価値を破壊するものである。このことから，フリー・キャッシュフローの動向は経営者の意思決定を反映するのである。もっとも，日本企業では，株式持合いが依然として非常に広範囲に行われている。その持合株式による投資家は，株主価値の実現でなく，顧客価値（短期的には，顧客の主観価値，あるいは購入品の生み出す効用としての購入価値から購買コストを引いたもの）を求めている場合もあれば，従業員価値（従業員が企業で受ける仕事からの効用と報酬から犠牲にされた時間当たりのコストを引いたもの）を求めているともいえる。前者は，デンソーに対するトヨタの視点である。後者は，雇用の維持と拡大という点からいうと，関西空港会社と大阪府の関係であるかもしれない。いずれにしても，実際の日本企業においては，必ずしも株主価値が株式所有と一致しないケースが多くあることにも注意しなければならないだろう。

5　企業価値と2つの計算方法

　このフリー・キャッシュフローは，高尾裕二（討議資料，産学共同研究会，1999年）によれば，次のようなメリットをもつことから株主価値の推定をするうえで重要な指標でもある。すなわち，

(1) キャッシュフローは，経営者の裁量あるいは会計基準に左右される程度が少ないハードな指標である。

(2) 営業活動からのキャッシュフローで投資を賄うという意味での，キャッシュフロー経営が可能になる。

(3) フリー・キャッシュフローの使途を注意深く観察することにより，各企業が自社の将来をどのように展望しているのかを読み取ることができる。

(4) フリー・キャッシュ・バリエーションとして知られるように，割引現在価値計算と株主価値，あるいは企業価値の推定値を得ることができる。

　このフリー・キャッシュフローを株式の資本コストで割り引くことで，株主資本価値を計算することができる。この議論に対して，会計学での最近の研究では，キャッシュフローを元に計算しない場合でも，会計数値を直接割り引いて株主資本価値を推定する方法が提案されている。それは，「超過利益法」（高尾，同上）と呼ばれている。

　これは，次のような手続きをとる。

(1) 株主資本価値を将来の配当の現在割引価値として推定する。

(2) クリーンサープラス関係（株主資本の変動がすべて損益計算書に記録されるとする）のもとで配当額を書き直す。

$$配当額＝期首の株主資本簿価＋当期利益＋資本追加拠出額$$
$$（－資本の払戻額）－期末の株主資本簿価$$

(3) 当期利益を正常利益と超過利益との2つの要素に分解する。

$$正常利益＝期首の株主資本簿価×正常利益率（株主資本コスト）$$
$$超過利益＝当期利益－正常利益$$

(4) 現在時点の株主資本価値は，現時点の株主資本簿価と将来期待超過利益の割引現在価値の総和として求める。

　現時点の株主資本価値が，現時点の株主資本簿価と将来の超過利益の現在価値の合計であることは，超過利益を稼げない企業に対しては簿価以上の金額を支払って株式を取得しないことを意味している。すなわちこのことは，正常利益を超える部分を会計利益の計算のなかから推定できるということである。

　会計利益の有用性は，このクリーンサープラス関係を前提とした議論によ

図表1-8　アメリカ企業の財務的業績評価指標

業績評価指標	採用企業数 （複数回答）
1株当たり利益（EPS）	38
自己資本利益率（ROE）	36
純利益	30
総資産利益率（ROA）	16
売上高	13
株主総収益	13
投下資本利益率（ROI）	8
売上高利益率	5
市場シェア	2
営業利益	2
キャッシュフロー	1
経済的利益	1
自己資本成長率	1
総資産成長率	1

（出所）　ドノバン，タリー，ワートマン［1999］166ページ（原資
料は，Long term unit/share programs［1995］*The Conference
Boards*, New York, Report # 1114-95 RR, p. 12）。

り，キャッシュフロー会計のみが重要でないことをあらためて示したという
点で，大きな貢献をしている。たとえば，FASB（Financial Accounting
Standard Board）の概念フレームワーク第1号（アメリカの会計基準審議会）
によれば，「発生主義会計に基づく企業利益情報は，一般に，企業の現在お
よび将来にどのくらいキャッシュフローを生み出せるかに関して，現金収支
の財務的側面に限定された情報よりも優れた指標を提供する。財務報告の主
たる焦点は，利益とその構成要素に関する情報である」としている。すなわ
ち，いろいろ批判はあるが，やはり会計利益はより包括的な経営成果の情報
であるといえるだろう。

　それでも，ここで説明したように，包括的な会計利益がたとえ情報として
は企業成果を説明するのに十分な情報を含んでいるとしても，それが経営者
や管理者の業績尺度として優れているかどうかはまた別の議論であろう。ま

た，キャッシュフローは，それを加工することで，より深い企業経営の動向が把握できるといえるかもしれない。現時点では，キャッシュフロー会計と会計利益の指標は，どちらが優位というより，状況にあわせて利用することがベターだといえそうである。図表1-8にあるとおり，依然としてアメリカでも会計的な業績測定指標の優位性は指摘されている。

　もっとも，このように指摘されても，1つの尺度があらゆるニーズに応える十分な統計量をもっているとの主張は，むしろここではとらないことにする。実践的には，目的にあわせて，異なる手段のうち最も関連する手段を採択することが望ましいといえる。しかし，企業の統合的な成果尺度としての会計利益の重要性は，企業成果を統合的に測定するという点で，依然として最上位に位置づけられるべきものと理解すべきであろう。それが，上記のアメリカ企業の統計データにも反映していると思われる。

ま　と　め

　会計利益とキャッシュフローについては，公表財務諸表における意義からいうと，会計利益がより包括的な経営成果を明らかにするという点で重要な位置を占めている。また，包括的な利益を計算するという意味で，これまでの取得原価主義にそった利益のみでなく，一定時点での企業の価値をバランスシートにおいて明らかにするということで，金融商品や非営業資産の評価において時価あるいは取替価格，正味実現価格などの価格を利用することで，資産・負債の評価方法がかなり変容を遂げている。このことから，公正価値*（fair value）という概念が提唱され，貸借対照表の機能は大きく変わりつつある。キャッシュフロー会計あるいはキャッシュフロー計算書は，そのような変化する資産・負債評価の流れのなかで，より短期的な企業活動の安定性・安全性を計る1つの尺度として機能する方向にあるといえるだろう。このような流れのなかで，財務諸表の機能として財政状態・経営成績を示すといわれている2つの計算書類に，キャッシュフローの源泉別の変化を明らかにする計算書が追加されたことは，企業活動をより客観的に示すとともに，経営者の経営政策・配当政策あるいは財務政策といった政策の動きをより敏

感に反映する仕組みを会計システムに取り込んだ動きといえるだろう。

＊　公正価値とは，一般的に歴史的取得原価に代わり，時価，そのときの市場
取引価格をさす。もっとも，市場において成立する価格は，それを特定化・
客観化するのは容易ではなく，市場ではさまざまな取引コストが発生するの
で，概念的には複数の公正価値が考えられる。

〈参考文献〉

Jensen, M. C. and W. H. Meckling [1976] "Theory of the Firm：Menagerial Behavior, Agency Costs and Ownership Structure," *Journal of Financial Economics*, Oct.

Ross, S. A., R. W. Westerfield and J. F. Jaffe [1996] *Corporate Finance*, 4th ed., Irwin.

忽那憲治 [1997]『中小企業金融とベンチャー・ファイナンス』東洋経済新報社。

小宮一慶 [1998]『図解キャッシュフロー経営』東洋経済新報社。

佐藤倫正 [1998]「キャッシュフロー計算書とは何か」『企業会計』第 50 巻第 10 号。

田中隆雄編著 [1998]『マーケティングの管理会計』中央経済社。

和久友子 [1998]「キャッシュフロー計算書の作り方」『企業会計』第 50 巻第 10 号。

櫻井通晴・佐藤倫正編著 [1999]『キャッシュフロー経営と会計』中央経済社。

ドノバン, J., R. タリー, B. ワートマン（デロイト・トーマツ・コンサルティング戦略事業部訳）[1999]『価値創造企業』日本経済新聞社。

田宮治雄 [2000]『バランス・シートを理解する』中央経済社。

大塚宗春 [2001]「金融資産・負債の評価」『企業会計』第 53 巻第 1 号。

五十嵐邦正 [2002]『基礎財務会計』第 5 版，森山書店。

第2章 キャッシュの時間価値

は じ め に

　ここでは，前章で取り上げた事業活動や企業活動を会計で写し出す仕組み
として，キャッシュフローの計算，キャッシュフローの評価についてその基
本的な手続きを概観する。その後で，最近話題になっている経済的利益（超
過利益）との関係について説明することにしよう。まず，キャッシュフロー
計算で忘れてならないのは，株主価値を計算する場合でも，時点の異なる
キャッシュには割引計算が適用されていることである。キャッシュフロー計
算では，設備の取得に要した費用は，投資額としてその時点で現金支出とし
て計上される。その結果としてそこからもたらされる現金流入額は，時間価
値を考慮して，現金支出と比較するためにしばしばその投資時点の現金流入
額として評価するために割引計算される。

　しかし，会計の計算では，設備などの購入に要した投資額およびその付帯
費用を一括して，固定資産としていったんは貸借対照表に計上し，その総額
を複数の会計期間にわたって減価償却費として機械的に按分計算し，その各
会計時点での収入額から控除する方法が採用されている。このように費用配
分のための減価償却費の計算においては，取得原価を，そこに含まれる利子
や資本コストに関係なく単純に期間配分する計算が採用されていることにな
る。

　このようなキャッシュフロー計算と会計計算との違いが明確にあるが，そ

の意義を投資家や経営者の意思決定を支援するためのものと位置づけると，両者の間に差異があることを強調するよりも，両者の補完的関係がどのようにあるのかを検討することが必要になってくる。ここではその1つとして，財務で取り上げられるキャッシュの時間価値について基本的な計算ルールを検討しよう。

1 キャッシュ計算の基本

現在手元にある1000円と1年後にもらえる約束の1000円とは，誰が考えても値打ちが同じでないことは明らかである。それは，利用できる時点に大きな違いがあることと，その間の1000円の利用機会の選択に差があることに起因するであろう。そこで貨幣の時間価値については，複利の計算表が利用される。たとえば，年初に銀行に10万円預金した場合，その2年度末の元利合計は年度利回りが5%であるとすれば，次のように計算される。

$$元利合計 = 100,000 \times (1+0.05)^2 = 100,000 \times 1.103$$

また，月次利回りが1%であれば，年度利回りに変更し$(1+0.01)^{12} = 1.1268$として求めればよい。そこで，この2年後の10万円が得られるとして，その年度利回りが5%とすれば，現在いくらあれば2年後の10万円と等価なのだろうか。

$$現在価値(PV) = \frac{2年後の100,000円}{(1+0.05)^2} = 100,000/1.103 = 100,000 \times 0.907$$

となる。このように現在価値とは，あるt年度後の将来価値を複利で割り引いたものである。この年度利回り（r）を割引率ともいう。

この割引価値の計算においては，図表2-1のような1円の現在価値表を利用してすぐにt年度の1円の現在価値（第0度末）が計算可能である。

例題 2.1 たとえば，10万円の中古自動車の購入を計画している。頭金が4万円として，残り6万円は2年後に一括返済するとすれば，本当の購入価格はいくらだろうか。この場合に金利は，10%と考えてみよう。

図表 2-1　1円の現在価値表

年度数	5%	6%	7%	8%	9%	10%
1	.952	.943	.935	.926	.917	.909
2	.907	.890	.873	.857	.842	.826
3	.864	.840	.816	.794	.772	.751
4	.823	.792	.763	.735	.708	.683
5	.784	.747	.713	.681	.650	.621
10	.614	.558	.508	.463	.422	.386

計算は，以下のようになる。

$$40,000\text{円}+60,000\text{円}\times(1/(1+0.1)^2)=40,000+60,000\times0.826=89,560\text{円}$$

したがって，この車は8万9560円あたりが合理的な購入価格ということで，10万円ではかなり高い値段で買ったことになる。

同じようにして，今の価格から将来の n 年後の支払うべき価格を計算するのが，終価（future value）の計算である。これは，次のような式で計算されることになる。

$$n\text{年後の1円}=1\times(1+\text{金利})^n$$

2　代替案でのキャッシュの時間価値

いくつかの案のなかからどれか1つを選択すると考えるとき，選択基準として現在価値の最大化が採用される。次のような問題を考えてみよう。

　例題 2.2　いくつかの案のうちから，車の購入を計画している場合を考えてみよう。これは，投資案におけるコスト最小化の問題でもある。木村さんは，車の購入を考えている。新車価格は，1万5500ドルとする。2年間にわたり年賦支払の割賦購入を行うケースでは，購入価格は単純合計すると手付金8000ドル，1年後4000ドル，2年後4000ドルである。一括で購入する場合と割賦購入する場合とでは，いずれが木村さんに有利だろ

うか。金利は 8% である。

	一括購入		割賦購入	
	支払額　15,500ドル	手付金	8,000ドル	＝8,000
		1 年後支払額	4,000ドル×0.926＝3,704	
		2 年後支払額	4,000ドル×0.857＝3,428	
				15,132ドル

　上記の計算から判断すると，一括購入よりも割賦購入のほうが割安ということになる。

　このような複数年度にわたる支払や投資についての代替案間の経済性を同じ基準で評価しようと考えるのが，投資案を考えるうえでの基本的な考察態度である。もっとも，それぞれの問題に応じて個別のやり方があることにも注意する必要がある。その 1 つが，図表 2 - 2 にある年金現価係数の利用である。

　A案では，一定額の支払の経済性を問題にしているとしよう。またB案では，ある期初の投資に対して収入が 3 年間一定額期待されるときの投資の魅力を計算しているとしよう。このいずれにおいても，利用される公式の 1 つに年金現価表がある。これは，3 つに区別できる。(2-1)式は，各年度に 1 ドルの年金があり，それが無限に続く場合の現在価値である。(2-2)式は，n 年後から各年度に 1 ドルの年金があり，それが無限に続く場合の現在価値である。そして(2-3)式は，毎年度 1 ドルの年金が t 年間続く場合の計算である。この(2-3)式を t 年度の年金係数と呼んでいる。なお，年金現価表を示した図表 2 - 2 は，毎年度 1 ドルのキャッシュフローが n 年間続く場合の，ある割引率 r での現在価値を示すものである。

$$PV = 1/r \tag{2-1}$$

$$PV = (1/r) \times (1/(1+r)^{n-1}) \tag{2-2}$$

$$PV = 1/r - 1/(r(1+r)^t) \tag{2-3}$$

　(2-2)式，(2-3)式については，章末の付録で導出してあるので参照されたい。

図表 2 - 2　年金現価表

年　数 (n)	年度利率 (r)					
	5%	6%	7%	8%	9%	10%
1	.952	.943	.935	.926	.917	.909
2	1.859	1.833	1.808	1.783	1.759	1.736
3	2.723	2.673	2.624	2.577	2.531	2.487
4	3.546	3.465	3.387	3.312	3.240	3.170
5	4.329	4.212	4.100	3.993	3.890	3.791
10	7.722	7.360	7.024	6.710	6.418	6.145

例題 2.3　現金で買えば 9000 ドルする車の購入の計画をしている岡部さんは，ディーラーから次のような資金支払での購入を打診された。第 1 の計画では，(1) 1 年後から毎年度 4000 ドルを 3 年間支払うものである。手付金ゼロで車が買えるメリットがある。(2) もう 1 つは，手付金 5000 ドルで，1 年後に残り 5000 ドルを支払うという計画である。いずれの計画が魅力的かを考えてみよう。なお金利は 10% である。

〈計　算〉　図表 2 - 2 の年金現価表を利用する。

(1)　現在価値＝4,000×2.487＝9,948 ドル

(2)　現在価値＝5,000＋5,000×0.909＝9,545 ドル

〈考　察〉　資金が潤沢であれば，現金（9000 ドル）での購入が一番であろう。なぜなら，セカンドベストである (2) 案と比較しても，545 ドル安く購入できるからである。しかし，資金的に 5000 ドルまで毎年度支出可能であれば，(2) 案が優れていることがわかる。

例題 2.4　少し込み入った問題。木村さんが不動産の購入を考えているとしよう。購入価格は，12 万 5000 ドル，手付金は 2 万 5000 ドルで，残りは月々の定額 30 年支払であるとする。この場合の適切な毎月の支払額はいくらになるだろうか。年利は 12% とする。

〈計　算〉　現在価値＝100,000 ドル＝月次支払額×360ヵ月年金現価係数

月次支払額＝100,000 ドル/360ヵ月年金現価係数

$$月次支払=\cfrac{100,000}{\cfrac{1}{0.01}-\cfrac{1}{0.01(1+0.01)^{360}}} \qquad (2\text{-}4)$$

$$=\frac{100,000}{97.218}$$

$$=1,028.61 \text{ ドル}$$

このように，支払額は月々1028ドルとなる。

〈考　察〉　この問題で月次支払金利は，年利12％ であるために12％/12＝1％ として計算される。また支払月次数は，12ヵ月掛ける30年より，360となる。

(2-4)式の分母は，例題2.2の(2-3)式にあたるもので，これは年金現価を求める式を利用している。

派生的注意事項：このような長期的問題では，貨幣価値の減価の現象に注意する必要がある。名目価値と実質価値の問題でもある。たとえば，現在価値の計算とは別に，ある金額で購入できるものは，現在の100円と5年前の100円とでは違っている。しかし，==ローンの場合にその支払額は名目で一定である。==ある計算によれば，1986年と96年の800ドルを比較すると，購買力では1.43対1の違いがある。すなわち，1986年の100円は，96年では100円/1.43＝70円の値打ちしかないことになる。このような貨幣価値の変動について，インフレーションの影響を織り込んで考える必要がある。

==実質価値＝貨幣価値×(1＋名目利子率)/(1＋インフレ率)==

である。そのために，たとえば，1000円あるとして名目利子率6％，インフレ率6％ であれば，この投資の価値は1年後1000円ということでまったく増えないことになる。このインフレーションによる貨幣価値の変動を考えると，次の点を注意する必要がある。当座貨幣価値は，名目利子率で割り引く必要があるが，実質貨幣価値は実質利子率で割り引かなくてはならない。すなわち次の2つの問題は等価である。

> **例題 2.5** 名目利子率10%で，1年後100円を得るための現在価値は
> いくらか。また，来年までの7%のインフレ下での，来年の100円の実質
> 価値は，100円/1.07＝93.46円である。この93.46円のインフレ調整後の
> 現在価値は，上で計算した現在価値と同じか。

- (1) 現在価値＝100/1.10＝90.91円
- (2) 1＋実質利子率＝1.10/1.07＝1.028

  93.46/1.028＝90.91円

ゆえに，10%の利子率のケースと一致する。

> **例題 2.6** ややトリッキーな問題。岡部さんは，現在2000円の投資を
> 考えている。これは，6年目から毎年度に500円の配当と，10年目に
> 2000円の元本が保証されている。この投資は，岡部さんにとって魅力的
> なものだろうか。なお，利子率は10%とする。

まず年金現価表を利用しながら，第5期初での配当額の現在価値を計算す
る（図表2-2を参照）。

$$500\left(\frac{1}{0.10}-\frac{1}{0.10(1.10)^5}\right)=500\times第5年度の年金現価係数$$
$$=500\times3.791=1,895$$

時点0への割引の計算

$$\frac{1,895}{(1.10)^5}=1,176.80$$

10年後の元金の時点0への割引計算

$$\frac{2,000}{(1.10)^{10}}=2,000\times0.386=772$$

合計

$$1,176.80+772=1,948.80$$

あるいは，次のようにも計算できる。

$$\frac{500}{(1.1)^6}+\frac{500}{(1.1)^7}+\frac{500}{(1.1)^8}+\frac{500}{(1.1)^9}+\frac{2500}{(1.1)^{10}}=1,948.80$$

以上のように，合計は1948.80円となり，時点0での2000円の投資の正

味現在価値は，1,948.80 円－2,000 円＝－51.20 円となり，この投資は利が
のらないことが確認できることになる。

　各期間の配当なり収入（年金）が，成長する問題を考える。事業のキャッ
シュフローが，毎年度一定の比率で増加する場合や，インフレーションの関
係で一定の増加が期待される場合に適用される。その場合に，(2-5)式のよ
うな公式が利用可能である（導出については，章末の付録を参照されたい）。
　C を期初の投資，r を金利もしくは割引率，g を単位期間当たりの成長率，
T を期間の長さとすると，次式によって現在価値が表される。

$$\text{PV} = C\left[\frac{1}{r-g} - \frac{1}{r-g} \times \left(\frac{1+g}{1+r}\right)^{T}\right] \tag{2-5}$$

たとえば，上記(2-5)式の公式の例題として次のようなものが考えられる。

　例題 2.7　期初に，50 万円の投資が必要なプロジェクトがある。これ
は，各年度において，第 1 年目から 5 万円の正味キャッシュインフローを
生み出すと期待できる。しかも，年度当たり 9% のキャッシュインフロー
の上昇が見込まれており，向こう 10 年間までその収入が継続できると見
込まれる。この投資案件は，投資割引率が 15% の場合に現在価値はどれ
くらいになるだろうか。

$$
\begin{aligned}
現在価値 &= 50,000 \times \left[\frac{1}{0.15-0.09} - \frac{1}{0.15-0.09}\left(\frac{1.09}{1.15}\right)^{10}\right] \\
&= 50,000\left[16.666 - 16.666 \times \frac{2.3674}{4.0455}\right] = 345,655
\end{aligned}
$$

　この投資の 10 年間でのキャッシュインフローの現在価値は 34 万 5655 円
であり，期初の投資が 50 万円なので，正味現在価値は 345,655 円－500,000
円で－15 万 4345 円になる。

　このように，貨幣の時間価値を，利子率あるいは貨幣の運用による機会費
用を考慮して割引現在価値を求めることで，ある企業の投資案における投資
額とその生み出す果実である収入の価値を同じ時点で評価することが可能に
なる*。このような仕組みから，企業の将来活動の採否には，そのもたらす

ネット・キャッシュインフローの各時点の値を推定すること，それの割引率を算定すること，その投資案の期初投資額を計算すること，この3つの要素を基本に合理的な採算計算に必要な NPV（net present value：正味現在価値）が計算されることになる。

しかし，これ以外にも，実際の企業をみると他の方法が投資案の評価に採用されている。この章を終わるにあたって，このような投資評価の NPV 以外の方法について少し検討してみよう。

> ＊　利子率および割引率として利用されるものには，投資割引率，市場割引率，資本割引率，資本コストなどがある。これらは，本章ではほぼ同様な意味で使用しており，いずれも投資案（投資プロジェクト）を貨幣の時間価値を利用して，ある一定時点に揃え比較・評価するうえで利用される。なお，市場あるいは投資と呼称される割引率は，使用する資本あるいは資金の代替的な利用機会から得られるキャッシュの利回りをさす言葉である。

3　投資キャッシュ計算と会計計算

よく使われている投資案の評価に必要な計算方法としては，以下のようなものがある。

(1)　回収期間法
(2)　会計利益率法
(3)　内部利益率法

これらのうち，(3)は資金やキャッシュフローの内部収益率を明らかにしようとするものである。

(1)　回収期間法——これは，回収される期間を問題とするもので，できるだけ短い期間で投資額が回収されるかを判断基準とする。たとえば，期初（0期）に5万ドルを投資して，第1年度に3万ドル，第2年度に2万ドル，第3年度に1万ドルのネット・キャッシュインフローがあるとする。この場合に，回収期間法の答えは，第1年度の金額と第2年度の金額の合計がちょうど，期初の投資に一致するので，回収期間は2年となる。

この方法の問題点は，次のとおりである。回収期間のうちで，キャッシュ

図表2-3　会計利益率法に関する計算例

	1年度	2年度	3年度	4年度	5年度
収　益	433,333	450,000	266,667	200,000	133,333
費　用	200,000	150,000	100,000	100,000	100,000
税引前キャッシュフロー	233,333	300,000	166,667	100,000	33,333
減価償却	100,000	100,000	100,000	100,000	100,000
税引前利益	133,333	200,000	66,667	0	− 66,667
法人税等 （税率＝40％）	53,333	80,000	26,666	0	− 26,666
純利益	80,000	120,000	40,001	0	− 40,001＊

(注)　＊企業の他の事業が黒字であれば，その2万6666ドルだけ税金が全体控除される。
(出所)　Ross, Westerfield and Jaffe [1996] p. 143.

フローのタイミングが無視されている。回収期間後の投資からのキャッシュフローを無視している。回収期間が同じときに判断の基準がない。このような問題点があるが，決定を急ぐ問題や比較的金額の小さい投資では，部門長の判断を早期に評価するためにも，結果が比較的早く出る回収期間の短さは魅力ある投資判断基準である。さらに，資金手当に不安のある小企業でも，回収基準は1つの有力なプロジェクトの採否の判断材料である。

(2)　会計利益率法――この方法は，税引後の平均プロジェクト利益を平均投資額の帳簿価値で割って求めた値の大小で判断するものである。以下の例題では，次のステップによって計算を進めている。

(a)　第1年の期初に50万ドルの投資をしたとする。第5年度末での投資残存価値はゼロとする。

(b)　各年度の利益を計算して，その平均値を5年のプロジェクトについて計算する。

(c)　定額法により投資の減価償却を仮定すると，5年間の平均投資は25万ドルと計算される。

(d)　この企業の最低必要な投資利益率の基準が20％であれば，この投資案件は棄却される。もし，最低投資利益率が15％であれば，この投資の利益率は16％なので採択される。

$$平均会計利益 = \frac{(80{,}000 + 120{,}000 + 40{,}001 + 0 - 40{,}001)}{5} = 40{,}000$$

$$平均投資額 = \frac{500{,}000 + 0}{2} = 250{,}000$$

$$会計利益率 = 40{,}000 \div 250{,}000 = 16\%$$

この方法は，最初に取り上げた期間法と同じで，簡便であるので利用しやすいが，いくつかの問題がある。まず，キャッシュフローのように資金の流れを正確にとらえていない。また投資は帳簿額で計算されている。収益のタイミングを考慮していない。さらに，資本の目標利益率が恣意的である。しかし，投資利益計算を既存の帳簿価値から行えるという簡便的意味はあるだろう。なぜなら，予測計算であることから，数値そのものに予測誤差は多く含まれているはずだからである。

(3) 内部利益率法——プロジェクトの収益性を判断するために，そのプロジェクトの内部利益率（IRR：投資プロジェクトが生み出す内在的収益率）をみつける方法である。この内部利益率とキャッシュの市場割引率との比較から投資の有利性を判断するものである。

たとえば，期初 (0) に 200 ドルの投資を行い，1 年度に 100 ドル，2 年度に 100 ドル，3 年度に 100 ドルの収入を得る投資の内部利益率は，次の式で r を計算することで求められる。

$$0 = -200 + \frac{100}{1+r} + \frac{100}{(1+r)^2} + \frac{100}{(1+r)^3}$$

$$r = 0.2337$$

もし市場割引率が IRR よりも高いと，この投資案は拒絶される。割引率が IRR よりも低いと，この投資は魅力あるものとなる。この内部利益率法は，正味現在価値法と同じ決定結果を導く場合が多い。しかし，例外もあることに注意しなければいけない。

例題 2.8 下のようなプロジェクトA，B，そしてC案がある（Ross, Westerfield and Jaffe [1996] p. 148，を一部変更）。これらを IRR と NPV とで評価してみよう。

内部利益率と正味現在価値法

期 間	プロジェクトA 0	1	2	プロジェクトB 0	1	2	プロジェクトC 0	1	2
キャッシュフロー	−100	130		100	−130		−100	230	−132
IRR		30%			30%		10%と20%の2つの解		
正味現在価値(10%)		18.2ドル			−18.2ドル		0ドル		
採択条件		<30%			>30%		>10%しかし<20%		

　A投資案では，IRR が 30% なので，割引率が 10% 以上で 30% 未満であればこの投資は魅力的である。B案は，最初に資金が流入して後で出ていくというもので，少し奇異である。しかし，たとえば，セミナーやコンファレンスのようなプロジェクト事業ではしばしば存在する。この場合には，IRRが 30% 以上であれば魅力的になり，正味現在価値法と判断が一致しない。C案では，利子率が 10% と 20% の間で，投資案は採択されるべきとなる。

　このように投資判断を考えるうえで，内部利益率法と正味現在価値法とは一致しない結果を生み出すことに注意する必要がある。いずれにしても，選択するうえで複数の投資案が存在するとき，株主・経営者はキャッシュフローの正味現在価値を最大にするという視点から，相互に同じ基準で合理的な意思決定を行うことがあることを指摘できよう。

4 キャッシュの時間価値と資本予算問題

　これまでプロジェクトを実施するか否かといった問題について，採算性を分析するという目的で貨幣の時間価値を考慮するモデルについて，NPV とIRR を中心に考察してきた。ここでは，その方法を利用して，プロジェクト評価における具体的な課題を例題として検討する。これにより，キャッシュフロー投資の問題では，時間価値が大きな意味をもつことを明らかにする。

　例題 2.9　神戸三津野社の事例（Ross, Westerfield and Jaffe [1996]を修正）
　神戸三津野社は，テニスボール，野球ボールなどのスポーツ品を製造・

販売する会社である。1970年に，ゴルフボールの製造・販売を手がける
ようになった。この市場ではいまでも多くの有力メーカーがひしめいてい
る。しかし，カラーボールによる新しいゴルフボールのテスト販売を静
岡・神戸の各クラブで行ったところ，消費者から非常によい反応を得た。
そこで，社長の三津野彰氏は市場の15%を取れるという目算で投資計画
を進めることを取締役会に提案した。しかし，これまでテスト販売に
2500万円かかっており，心配する役員も多い。しかし，三津野氏はこれ
までのテスト販売の費用は埋没原価であり，このプロジェクトの評価から
は除くべきであると主張している。

　そこで，投資案として提出された内容は，ゴルフボールの製造機械を新
たに購入するというものであった。製品は神戸の自社工場で製造し，その
使用予定の建物は現在未利用であり，もし土地ごと売却すると税引後で
1500万円で売却可能である。なお，この建物の取得価格から累積減価償
却費用を引くと，評価額はゼロである。

　この計画を社長から委任された経営企画部長の田沢氏は，次のような仮
定をおいて，新製品投資計画を分析した。

　(1)　カラーボールの製造機械の購入費用は1000万円である。

　(2)　機械の残存価値は，5年後で300万円である。① この5年間での
生産量は次のように予定できる。第1年度：5万個，第2年度：8万個，
第3年度：12万個，第4年度：10万個，第5年度：6万個。ボール価格
は，第1年度で200円と予想している。② ボールの価格は毎年度2%程
度上昇するが，インフレ率は5%である。③ 生産用の原材料の値上がり
が予想され，年率10%の上昇が見込まれる。④ 第1年度の生産原価は，
ボール1個につき100円と見積られる。⑤ 税率は40%とする。⑥ 資本
コストは10%，15%，20%の3つの状態で考える。

　(3)　運転資本は，第0年度で100万円かかり，その後にゆるやかに上昇
して，最終5年目には，ゼロである。

以上のシナリオについて，表にしたものが図表2-4の3つの計画表で，
この投資案の最終的評価は正味現在価値で最終的に3つのケースで示されて
いる。

$$\text{NPV}(10\%) = 3{,}800 \times 0.9091 + 5{,}160 \times 0.8264 + 6{,}167 \times 0.7513$$
$$+ 5{,}575.8 \times 0.6830 + 22{,}133.2 \times 0.6209 - 26{,}000$$

図表 2 - 4　三津野株式会社のキャッシュフロー計画表（支出は期末に起こると仮定する）

（単位：千円）

	0年度	1年度	2年度	3年度	4年度	5年度
投資額：						
（1）製造機械	−10,000					2,030.4
（2）減価償却累計		2,000	5,200	7,120	8,272	9,424
（3）機械の正味価値		8,000	4,800	2,880	1,728	576
（4）機会コスト	−15,000					15,000
（倉庫）						
（5）正味運転資本残高	1,000	1,000	1,632	2,497	2,122	0
（6）正味運転資本変化	−1,000		−632	−865	375	2,122
（7）投資の総キャッシュフロー	−26,000		−632	−865	375	19,152.4
（1）＋（4）＋（6）						
損益計算書						
（8）売上高		10,000	16,320	24,960	21,200	12,960
（9）営業費		5,000	8,800	14,520	13,300	8,760
（10）減価償却		2,000	3,200	1,920	1,152	1,152
（11）税引前利益		3,000	4,320	8,520	6,748	3,048
（12）税金（40%）		1,200	1,728	3,408	2,699.2	1,219.2
（13）純利益		1,800	2,592	5,112	4,048.8	1,828.8

（注）　機械の 5 年目末の価値計算：5 年後の価値−残存価値＝3,000−576＝2,424，税率 40%
で，2,424×0.40＝969.6，税引後資本利得＝3,000−（0.40×（3,000−576））＝2,030.4

生産・販売状況					
（1）年度	（2）生産量	（3）価格	（4）収益	（5）単位原価	（6）営業費
1	50,000個	200	10,000,000	100	5,000,000
2	80,000	204	16,320,000	110	8,800,000
3	120,000	208	24,960,000	121	14,520,000
4	100,000	212	21,200,000	133	13,300,000
5	60,000	216	12,960,000	146	8,760,000

（注）　価格は年度ごとに 2% 上昇，製造単価は年率 10% 上昇で計算した。

キャッシュフロー計算書（単位：千円）						
	第0年	1年	2年	3年	4年	5年
(1)収　益		10,000	16,320	24,960	21,200	12,960
(2)営業費		5,000	8,800	14,520	13,300	8,760
(3)税　金		1,200	1,728	3,408	2,699.2	1,219.2
(4)営業キャッシュフロー {(1)−(2)−(3)}		3,800	5,792	7,032	5,200.8	2,980.8
(5)投資のキャッシュフロー	−26,000		−632	−865	375	19,152.4
(6)プロジェクトの総キャッシュフロー	−26,000	3,800	5,160	6,167	5,575.8	22,133.2

$$=3,902.84$$

$$\mathrm{NPV}(15\%)=3,800\times0.8696+5,160\times0.7561+6,167\times0.6575$$
$$+5,575.8\times0.5718+22,133.2\times0.4972-26,000$$

$$=-546.37$$

$$\mathrm{NPV}(20\%)=3,800\times0.833+5,160\times0.6944+6,167\times0.5787$$
$$+5,575\times0.4823+22,133.2\times0.4019-26,000$$

$$=-4,098.50$$

　以上から，このプロジェクトでは，資本コストが15％より高く20％以下のところで損益分岐することから，およそ16％以上の資本コストでは採算がとれないと推測される。また内部利益率は，15.7％前後であると推測されよう。なおこの問題で，運転資本という概念が使われている。これは，①完成品の販売以前に材料やその他棚卸のために資金が必要であること，②信用販売などでキャッシュでなく売掛金で収益は算定されること，③その他の予期せざる支出のために資金が必要であることから，正味運転資本における投資を必要とすることを示している。

〈参考文献〉

Ross, S. A., R. W. Westerfield and J. F. Jaffe [1996] *Corporate Finance,* 4th ed., Irwin.

Chew, D. H. [1999] *The New Corporate Finance,* 2nd ed., Irwin.

Brealey R. A. and S. C. Myers [2000] *Principles of Corporate Finance*, 6th ed., Irwin.

浅田孝幸・頼 誠・鈴木研一・中川優 [1998]『管理会計・入門』有斐閣。

櫻井通晴 [2000]『管理会計』第 2 版，同文舘出版。

付録⑴——無限等比級数

　32ページの(2-2)式は無限等比級数を使えば容易に導出できる。n 年目から m 年目までの年金受取額の現在価値は，

$$\text{PV} = \frac{C_n}{(1+r)^n} + \frac{C_{n+1}}{(1+r)^{n+1}} + \cdots + \frac{C_m}{(1+r)^m} \tag{A-1}$$

ただしここでは r を割引率，年金受取額 C は１ドルで一定とする。したがって上式を書き直すと次式が得られる。

$$\text{PV} = \frac{1}{(1+r)^n} + \frac{1}{(1+r)^{n+1}} + \cdots + \frac{1}{(1+r)^m} \tag{A-2}$$

両辺に $1/(1+r)$ を掛けると次式が得られる。

$$\frac{\text{PV}}{(1+r)} = \frac{1}{(1+r)^{n+1}} + \frac{1}{(1+r)^{n+2}} + \cdots + \frac{1}{(1+r)^{m+1}} \tag{A-3}$$

これら２式を両辺それぞれ差し引くと(A-4)式を導出できる。

$$\frac{r\text{PV}}{(1+r)} = \frac{1}{(1+r)^n} - \frac{1}{(1+r)^{m+1}}$$

$$\text{PV} = \frac{1}{r(1+r)^{n-1}} - \frac{1}{r(1+r)^m} \tag{A-4}$$

$\lim_{m \to \infty} \frac{1}{r(1+r)^m} = 0$ により，(A-4)式は次のようになり，これは(2-2)式にほかならない。

$$\text{PV} = \frac{1}{r(1+r)^{n-1}} \tag{A-5}$$

　(2-3)式については，(A-4)式において $n=1$，$m=t$ としたケースと考えられることができる。(A-4)式に $n=1$，$m=t$ を代入すると(A-6)式が得られる。

$$\text{PV} = \frac{1}{r} - \frac{1}{r(1+r)^t} \tag{A-6}$$

　次に，(2-5)式についても同じ方法で導出が可能である。(A-1)式において C が一定の成長率 g で増加していくとすると，(A-1)式は次のように書き換えることができる。

$$\text{PV} = \frac{C_n}{(1+r)^n} + \frac{(1+g)C_n}{(1+r)^{n+1}} + \cdots + \frac{(1+g)^{m-n}C_n}{(1+r)^m} \tag{A-7}$$

両辺に $(1+g)/(1+r)$ を掛けると次のようになる。

$$\frac{(1+g)\,\mathrm{PV}}{(1+r)} = \frac{(1+g)\,C_n}{(1+r)^{n+1}} + \frac{(1+g)^2 C_n}{(1+r)^{n+2}} + \cdots + \frac{(1+g)^{m-n+1} C_n}{(1+r)^{m+1}} \quad (\mathrm{A}\text{-}8)$$

以上の 2 式を辺々差し引いて整理すると,

$$\frac{(r-g)\,\mathrm{PV}}{(1+r)} = \frac{C_n}{(1+r)^n} - \frac{(1+g)^{m-n+1} C_n}{(1+r)^{m+1}}$$

$$\mathrm{PV} = \frac{C_n}{(r-g)(1+r)^{n-1}} - \frac{(1+g)^{m-n+1} C_n}{(r-g)(1+r)^m} \quad (\mathrm{A}\text{-}9)$$

この式に $n=1$, $m=T$ を代入する。つまり 1 期から T 期までの現在価値は以下のようになる。

$$\mathrm{PV} = C\left[\frac{1}{r-g} - \frac{1}{r-g} \times \left(\frac{1+g}{1+r}\right)^T\right] \quad (\mathrm{A}\text{-}10)$$

　以上のように，割引現在価値と無限等比級数の方法を用いれば，応用が可能である。

ここでは複利の比較を簡単に行うために e を用いることにする。

$$e \equiv \lim_{m \to \infty} f(m) = \lim_{m \to \infty} \left(1 + \frac{1}{m}\right)^m \tag{A-11}$$

と定義され，この近似値は 2.71828 である。年率 12% として，毎月複利の金利を考えてみる。これは毎月 1%(12%/12ヵ月) の金利を得ると考えることができる(この表現は厳密には正しくない。以下で述べるように，毎月 1% の複利は年利 12% を上回る)。すると，1 ドルは 1 年後において 1.126825 ドルになる。

$$F = (1 + 0.01)^{12} = 1.126825$$

すなわち，年利 12.68%(1.126825－1＝0.126825) の年率であると考えられる。1 年間に m 回利子が繰り入れられるとすると，t 年間においては mt 回繰り入れられるようになる。したがって以上を一般化すると(A-12)式となる。

$$H(m) = A \left(1 + \frac{r}{m}\right)^{mt} \tag{A-12}$$

これは元本 A ドルの t 年目末における価値を示している。下表は m と年率金利の関係について示したものである。

表

m	金　利
1	12.000%
2　(半年)	12.360%
4　(四半期)	12.551%
12　(月)	12.683%
52　(週)	12.734%
365　(日)	12.747%
∞　(連続的)	12.750%

(A-12)式を変形すると次式が導かれる。

$$H(m) = A \left(1 + \frac{r}{m}\right)^{mt} = A \left[\left(1 + \frac{r}{m}\right)^{\frac{m}{r}}\right]^{rt} = A \left[\left(1 + \frac{1}{z}\right)^{z}\right]^{rt} \tag{A-13}$$

ただし $z = \dfrac{m}{r}$ である。(A-11)式の定義式と $m \to \infty \Rightarrow z \to \infty$ より (A-14)式の連続関数が導かれる。

$$H \equiv \lim_{m \to \infty} H(m) = Ae^{rt} \tag{A-14}$$

A を 1 ドル，年利 r を 0.12（12%），m を 1，t を 1（1 年）とした場合の 1 年後の価値 H は，$H=e^{0.12}=1.12749\cdots$ となる。この連続的な利子率 0.1275 と非連続的な利子率 0.12 を一致させるためには，

$$A\left(1+\frac{r}{m}\right)^{mt}=Ae^{it} \tag{A-15}$$

となるような連続的利子率 i を求めればよい。このケースでは，$A=1$，年利 $r=0.12$，$m=1$，$t=1$ であるから，

$$\left(1+\frac{0.12}{1}\right)=e^{i}$$

$$i=\log 1.12=0.11332\cdots \tag{A-16}$$

を用いればよい。

瞬間的な増加率は(A-17)式によって求められる。

$$H \text{の増加率} \equiv \frac{\dot{H}}{H}=\frac{rAe^{rt}}{Ae^{rt}}=r \tag{A-17}$$

ここで注意しなければならないことは，(A-17)式は単位時間当たり（r が年利であれば単位時間は 1 年）の増加率を表すということである。

最後に(A-14)式を割引現在価値を求める計算にも適用することができることを指摘しておく。

$$A=He^{-\rho t} \quad \text{ただし，}\rho \text{を割引率とする} \tag{A-18}$$

第3章

資本予算の基礎——リスクとリターン

は じ め に

　前章で，割引率を利用することの基本的な意義を，例題を利用して説明した。本章では，そのアプローチが最も有用な投資問題での利用の方法を考察していこう。投資問題は，管理会計では資本予算（capital budgeting）として取り上げられている。企業の成長の多くは，設備投資や人材の追加によりはじめて可能になる。設備投資などでは，環境の変化にあわせて自社にとって有利な条件を自ら作り出す必要がある。この環境創造は，リスクをあえて甘受しながら，可能性に挑戦する企業家行動によってはじめて可能になる。しかし，企業家行動はむやみなリスクを冒すのではなく，そこには冷静な事前の市場の予測と自社の競争力についての見積りが必要である。この冷静な見積りを行う方法の1つに，資本予算問題がある。ここでは，資金の調達という財務問題は別にして，設備投資における考え方を簡単な事例を利用しながら検討することで，最近のファイナンス理論の基本的な部分を管理会計において利用していくことを考えよう。

1 リスクの意味

　資本市場での投資において，起こりうる結果の状況（スプレッド）を推定するとき，ほとんどの投資家・アナリストは次のような仮定から始める。す

図表 3 - 1　株式市場の 1992〜96 年度までの平均利益と標準偏差

年　度	(1)利益率	(2)平均利益率からの偏差	(3)平方偏差
1992	7.71	− 8.21	67.40
1993	9.87	− 6.05	36.60
1994	1.29	− 14.63	214.04
1995	37.71	21.79	474.80
1996	23.00	7.08	50.13
合　計	79.58		842.97

(注)　(2)：1992 年度では，7.71−15.9＝−8.21。
　　　(3)：1992 年度では，(−8.21)²。
　　　平均利益率＝79.58/5＝15.92
　　　分散＝842.97/5＝168.59

なわち，過去における投資のリターンのスプレッドが，将来起こりうるものの合理的な指標である。とすれば，投資家は，過去のリターンのもつ分布とその投資リターンの変動幅の大きさにより，その投資がどの程度安定的なものか，あるいは変動幅が少ない投資であるのかを判断するであろう。ある投資の過去のリターンの大きさとしての平均値とその平均からのばらつきの程度をみることで，すなわちリターンの平均値とリターンの標準偏差を計算することで，投資の期待値の大きさと投資のリスク（投資の危険度）の大きさを理解することができるかもしれない。

　図表 3 - 1 のような株式リターンのデータがあるとしよう。1992 年度から 96 年度での 5 年間の平均リターンが，15.92％ であるとしよう。これは，5 年間のリターンの総和を 5 で割った値である。

　分散は，年度別の利益率から利益率の平均値を引いた値の 2 乗を合計したものを標本の数である 5 で割ったものである。標準偏差は，それの平方根をとったものとなる。

　　　標準偏差＝分散の平方根＝12.98％

　このような情報から将来を予測するのは，やや大胆すぎるであろう。もっと長い期間をとって予測することが大事であるといえる。たとえば，アメリカでの 1926 年から 96 年までの 3 つのタイプの証券の組合せであるポート

フォリオ（複数の資産の組合せ）をみると，財務省証券の標準偏差は3.3%で最も安定しており，政府証券が8.0%，それに普通株式は20.4%である。そこで，証券投資においては，この株価の変動性を少しでも緩和するために，リスクの異なった，すなわち標準偏差の異なる証券の組合せをもとに，その組合せにより個別の証券の固有な変動（リスク）を緩和する方策がとられることになる。これは多角化された証券購入（複数の種類の証券の組合せ）ということになる。

　この個別の証券の平均からの変動の程度を計ると，次には，変動の違う証券あるいは市場全体の証券のある組合せにより，その収益の変動幅を減らすことが可能である。これを証券のポートフォリオ投資と呼ぶ。たとえば，ある程度の多角的投資（リスクの異なる複数種類の証券に投資する）をすると，その投資の変動性が減少する。これは，異なる証券の価格が同じ方向に必ずしも動かないことから生まれる変動性の減少である。この多角化により排除されるリスクを一般的にユニーク・リスクと呼び，個別の証券に特有なリスクをさす。それに対して，複数の証券を組み合わせたポートフォリオによっても排除できないリスクを，マーケット・リスクと呼ぶ。

2　リスクとリターンのトレードオフ

　ここで，証券などの投資で利用されるリスクについて，基本的な用語を簡単に説明して，期待利益，分散，共分散の意義を理解しよう。期待利益（expected return）とは，個人がある証券を購入して次期に獲得できると期待している利益をさす。もちろん，これは，期待値（予測された平均的値）であるので，実際値と一致する保証はない。

　分散（variance）とは，証券の利益の変動性（ボラティリティー：volatility）を算定することである。この変動性の最も一般的な変数として分散値が選ばれる。これは，証券の利益からそれの期待利益を引いた値を2乗したものである。

　共分散とは，個別の投資証券間でのリターンの間の関係をさす。

　そこで，次の例題をもとに説明しよう。

例題 3.1 A社とB社のそれぞれの証券の期待リターンは，すでに下の表で計算されている。

経済状況	A社リターン R_{At}	期待値の偏差の2乗の和	B社リターン R_{Bt}	期待値の偏差の2乗の和
不景気	−20%	$(-0.20-0.175)^2$	5%	$(0.05-0.055)^2$
景気後退	10	$(0.10-0.175)^2$	20	$(0.20-0.055)^2$
景気順調	30	$(0.30-0.175)^2$	−12	$(-0.12-0.055)^2$
ブーム	50	$(0.50-0.175)^2$	9	$(0.09-0.055)^2$
期待リターン	17.5%		5.5%	
平均値と偏差の2乗和		0.066875		0.013225

(注) A社期待リターン＝$(-0.20+0.10+0.30+0.50)÷4=0.175=17.5\%$
A社の標準偏差は，$\sqrt{0.066875}=25.86\%$
B社期待リターン＝$(0.05+0.20-0.12+0.09)÷4=0.055=5.5\%$
B社の標準偏差は，$\sqrt{0.013225}=11.5\%$

上記の表の個別の値から平均値を引いたものを2乗した値を合計したのが，分散である。

以上をもとに，共分散を計算することにしよう。それは，2つのステップからなっている。

(1) 各株式（A社，B社）の状態（ここでは4種類）別の期待利益からの偏差を求め，その各項を掛ける。たとえば，経済状況が悪い，A社の偏差（$-0.20-0.175$）とB社の偏差（$0.05-0.055$）を掛け合わせると，$(-0.375)\times(-0.005)=0.001875$ となる。

$$(R_{At}-\bar{R}_A)\times(R_{Bt}-\bar{R}_B) \tag{3-1}$$

ここで，R_A，R_B は，A社，B社の個別の経済状態での予想リターンである。$\bar{R}_A$ と $\bar{R}_B$ は，それぞれA社とB社の証券の平均リターンを示す。

(2) この(3-1)式の合計を状態数（ここでは4つ）で割って平均値を求める。これで共分散が求められた。

$$\delta_{AB}=\mathrm{Cov}(R_A,R_B)=\frac{-0.0195}{4}=-0.004875 \tag{3-2}$$

この(3-2)式の結果をみると，2つの証券はお互いに負の関係を示している。すなわち，一方の証券が平均を上回るリターンをあげているとき，他方は，逆の動きを示すことになる。この(3-2)式が正の値を示すときには，2つの証券の動きは比例している。このことから，2つの証券の動きが相互に

比例も反比例もしないときは，共分散は原則的にゼロである。しかし，そのような値を現実の計算の上からはなかなかみつけられないといえる。

(3) このような証券の相互の関係の強度を示すには，次に示すような基準化を行う必要がある。これを相関係数と呼ぶ。

$$\rho_{AB} = \mathrm{Corr}(R_A, R_B) = \frac{\mathrm{Cov}(R_A, R_B)}{\delta_A \delta_B} = \frac{-0.004875}{0.2586 \times 0.1150} = -0.1639$$

ただし，δ_A，δ_B はそれぞれA社とB社の証券の標準偏差である。この ρ_{AB} は，2つの証券の動きが正であるとき，正の相関を示す。逆に，負であれば，負の相関を示すことになる。また，基準化したといったように，$-1 < \rho_{AB} < 1$，となる。$\rho = 1$ であれば，同じ時点で2つの証券はまったく同じ動きをする。$\rho = -1$ であれば2つの証券は，ちょうどその逆で，一方が平均以上に高くなると，もう一方は平均以下に下がることになる。

このように証券への投資においては，リスクが高い証券はリターンの平均が高い。このことから，証券への投資を考慮している株主は，1つの証券に投資しないで，前節で述べたように証券の組合せを選択することが，個別の証券のリスクを減らすために重要な工夫となる。そこで，ポートフォリオの期待利益，分散（リスク）について少し説明する。

例題 3.2 先ほどのA社とB社の証券を，それぞれ60%，40% ずつもつ場合のリスクとリターンはいくらか。

$$\text{ポートフォリオの期待リターン} = \text{A社株の比率} \times (17.5\%) + \text{B社株の比率} \times (5.5\%)$$

$$R_P = 0.6 \times 0.175 + 0.4 \times 0.055 = 0.127$$

となる。それぞれの組入れ比率を X_A，X_B とすると，

$$\text{ポートフォリオの期待リターン} = X_A \times \bar{R}_A + X_B \times \bar{R}_B \quad \text{ただし，} X_A + X_B = 1$$

ポートフォリオのリスクは，次の一般式を用いて求める。

$$\text{ポートフォリオの分散} = X_A^2 \delta_A^2 + 2 X_A X_B \delta_{A,B} + X_B^2 \delta_B^2$$

$\bar{R}_A$，$\bar{R}_B$ は，それぞれ証券AとBの平均リターンを示す。

上記の式から，例題3.1にあるＡ社，Ｂ社への投資の分散は，0.36×0.066875＋2×0.6×0.4×（−0.004875）＋0.16×0.013225，よって，ポートフォリオの標準偏差は0.1544となり，15.44％となる。

　以上から，この60％と40％の組合せによる証券の購入のポートフォリオは，平均リターンが12.7％であり，リスクであるところの標準偏差は15.44％となる。これは，個別の証券の購入よりもリスクを引き下げていることがわかる。

　多角化の効果をみるために，単純な2つの証券の購入による加重平均の標準偏差と，このポートフォリオの標準偏差と比べてみよう。

$$加重平均の標準偏差＝0.6×0.2586＋0.4×0.115＝0.2012$$

　すなわち，ポートフォリオのリスク（標準偏差）は0.1544なので，ポートフォリオによる多角化の効果としてリスクが（0.2012−0.1544）だけ下がっていることがわかる。これは，どのような効果であるのだろうか。ポートフォリオのリスク（分散）の一般式では，第2項が共分散で，これは相関係数×Ａ社の標準偏差×Ｂ社の標準偏差であり，相関係数がこの例では−0.1639なので，ポートフォリオの標準偏差は単純平均の標準偏差より少なくなることを示している。

3　2つ以上の証券のポートフォリオ

　前節の2つの会社の証券を購入するとして，そのポートフォリオを図で説明すると，図表3-2のようになる。60％と40％の比率で購入したポートフォリオは，Ａ社の株式のみの場合とＢ社のみの場合と比較して，明らかに少ないリスクで比較的有利なリターンを示している。この6：4での比率のポートフォリオは，Ａ社，Ｂ社の間に引いた直線で示した単純な加重平均値よりも左側に位置しており，相関係数が負のリターンをもつ2つの証券の購入により，より効率的な組合せを示していることになる。とりわけ，*M*点は，最も標準偏差が低いことを示す。このように投資家は，証券の組合せによってより有利な状態を実現でき，このような実行可能な境界点（この集合より左に移動するポートフォリオはとれない）を引くと，Ｂ社のみの購入点である

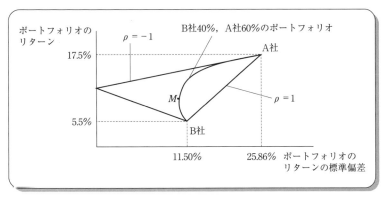

図表3-2　A社，B社の証券購入のポートフォリオ

ところからM点までは，リスクを減らしながらリターンを増やすことが可能である。したがって，このB社の点からM点までの間は，最小のリスクのM点より劣位である。このM点からA社の点までの境界点の集合が，まさに効率的な集合ということになる。

　なお，この境界集合の部分を，効率的フロンティアと呼んでいる。そして，この上に向いて凸であるこの境界線は，相関係数のρの大きさで変わる。$\rho=1$であれば，A社とB社をむすぶ線分に一致する。以上のような考え方を多数リスクの異なる証券の購入に利用すると，一般的なポートフォリオの定式を求めることになる。

　それは，下のようなマトリックスで表現できる。たとえば，この表で2種類の証券であれば，2×2のマトリックスとなる。

証券	1	2
1	$X_1^2 \sigma_1^2$	$X_1 X_2 \mathrm{COV}(R_1, R_2)$
2	$X_2 X_1 \mathrm{COV}(R_2, R_1)$	$X_2^2 \sigma_2^2$

　証券1と2のポートフォリオにおけるリターンの分散は，上記の表から次のようになる。

$$\text{ポートフォリオの} \atop \text{リターンの分散} = X_1^2 \sigma_1^2 + 2X_1 X_2 \mathrm{COV}(R_1, R_2) + X_2^2 \sigma_2^2 \qquad (3\text{-}3)$$

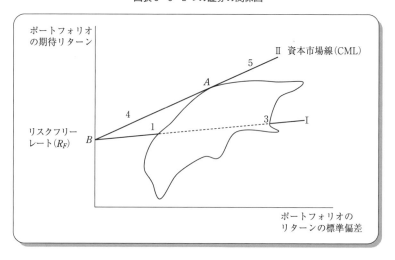

図表3-3　2つの証券の関係図

4　最適ポートフォリオ

　前節で，リスキーな証券の組合せから，効率的な境界領域の組合せがある
ことがわかった。これを利用して，リスクのある証券とリスクのない証券の
組合せにより，効率的な組合せが選択できる。図表3-3は，リスキーな証
券とリスクのない証券との結合による投資がもたらす期待リターンと標準偏
差の関係を示すものである。

　図表中のⅠ上の点1と点3の間の破線の部分は，リスキーな証券の組合せ
が実行可能な集合の内部にあることを示すので，これは線分Ⅱの点Aが示す
ようなところまで移動することで，より効率的な点を選択することができる。
この線分Ⅱの上で示す証券の組合せは，リスクフリーな証券（B点）と接点
Aの加重平均で実現する。この線分Ⅱは，最も効率的な組合せを示すことか
ら，資本市場線（CML）と呼ばれる。リスク回避性向の強い投資家の場合
には，B点とA点との間を選択する。また，よりリスク回避性向の少ない投
資家は，A点に近く，A点から点5に近いところを選択する。この図は，し
たがって重要なことを示す。すなわち，ある投資家による保持されたリス

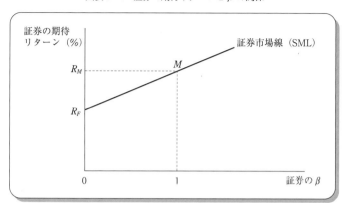

図表3-4 証券の期待リターンと β の関係

キーな資産のポートフォリオは常に A 点となろう。

5 資本予算におけるリスク問題

　近年の研究によれば，ポートフォリオにおける証券のリスク尺度は，証券の β で代表される。このベータの定義は，次の式で表される。

$$\beta = \frac{\mathrm{COV}(R_i, R_M)}{\sigma^2(R_M)} \tag{3-4}$$

ただし，$\mathrm{COV}(R_i, R_M)$ は，証券 i と市場ポートフォリオ M とのリターンの共分散である。$\sigma^2(R_M)$ は市場ポートフォリオの分散値である。この β は，証券 i の市場ポートフォリオ M に対する感度の尺度として利用される。したがって，市場ポートフォリオの平均リターンの変化に対する個別証券のリターンの変化を示すことになる。そこで，個々の証券 i の β_i を求めて，それの市場での組入れ比率による加重平均をだせば，それは 1 ということになる。

$$\sum_{i=1}^{N} X_i \beta_i = 1$$

　この β を利用すれば，個別証券のリスクは非常に単純な形式で表現される。それが，CAPM（capital asset pricing model）の意義である。

CAPM に関する定式化は次のとおりである。ある証券の期待リターンは，リスクフリーレート（リスクのない証券の利率）と β との線形関係で表現される（図表 3 - 4）。

$$\bar{R} = R_F + \beta \times (\bar{R}_M - R_F)$$

証券の期待リターン＝リスクフリーレート＋証券の $\beta \times$（市場ポートフォリオの期待リターンとリスクフリーレートとの差）

　上記の式から，β が 1 であれば，R_F の切片から始まり，β は 1 なのでちょうど SML 線の上の M 点がその該当する期待リターンを示すことになる。ここで注意したいのは，証券市場線（SML）と資本市場線（CML）の区別である。この 2 つは大いに異なるものである。CML では，リスクのある資産とリスクのない資産とから形成されるポートフォリオを示す。したがって，CML はリスクのない資産とリスク資産ポートフォリオの組合せを示す。一方で，SML は期待リターンと β との関係を示すことに注意したい。そこで，この SML を利用して，個別証券のリスクをもとに，資本コストの問題と資本予算の関係について考えることにしよう。

6　資本予算と資本コスト

　すでに考察したように，NPV（正味現在価値）法は，リスクのないキャッシュフローの評価を正確に行うものであった。すなわち，リスクのない利子率で，プロジェクトは割引されたことになる。しかしながら，将来生じるであろうキャッシュフローは，一般的にリスキーである。そこで，リスクのあるキャッシュフローをどのように割り引くのかその手続きが重要になる。

$$\mathrm{NPV} = C_0 + \sum_{t=1}^{T} \frac{\bar{C}_t}{(1+r)^t} \tag{3-5}$$

　ただし，C_t は期間 t での期待キャッシュフローを示す。この r は，ここでは，CAPM で計算された割引率を利用することなる。そこでまず，SML から，あるプロジェクトの必要利益率 r_s を決定しよう。この r_s を自己資本コスト率と呼ぶことにする。また資金に負債と自己資本の 2 つが利用される

と，資本コストは2つの資金源泉からの加重平均コストとなる。

　そこで，プロジェクトに企業経営者が資金を投下することは，その自己資金を株主に配当として分配し，株主がその配当金を他に投資して得る機会原価を上回るだけの果実をあげうる機会が企業にあるときのみ，経営者による資金の投下は，株主からみたとき妥当なものということになる。その投資機会の評価に利用すべき割引率は，比較しうるリスクをもつ財務資産からの期待リターンと少なくとも同等以上であるべきだということになる。

$$\bar{R} = R_F + \beta \times (\bar{R}_M - R_F) \tag{3-6}$$

$(\bar{R}_M - R_F)$ は，期待超過市場リターン（市場リスクプレミアム）と呼ぶ。

例題 3.3　難波製作所は，β が1.21で，自己資本100%の企業である。市場リスクプレミアム（$\bar{R}_M - R_F$）は，8.5%とする。さらにリスクフリーレートが6%であれば，この会社の普通株の期待リターンはいくらか。SMLを利用して求めなさい。

　難波製作所の経営者・井上氏は，次の3つの投資案から1つを採択することを計画中であるが，NPVを利用すれば投資案の優先順位は，どうなるか。なお，投資資金は，1000万円であり，投資案の評価に用いる割引率は，当社株式と同じ期待リターンと仮定する（Ross, Westerfield and Jaffe［1996］p.316）。

プロジェクト案	期待キャッシュフロー（第1年度）	内部利益率
A	1400万円	40%
B	1200	20
C	1100	10

---

(1)　この企業の普通株式の期待リターンは，CAPMの考え方を利用すると，

　　　$6\% + 1.21 \times 8.5\% = 16.28\%$

(2)　Aの投資のNPV＝1400万円/(1＋0.1628)−1000万円＝203.9903万円

　　　Bの投資のNPV＝1200万円/(1＋0.1628)−1000万円＝31.9917万円

　　　Cの投資のNPV＝1100万円/(1＋0.1628)−1000万円＝−54.0076万円

よって，A，B，Cの順で評価され，A，B案はNPVが正であるので，

基本的には受け入れるべき投資案である。

例題 3.4　上記の例題では β が与えられているが，実際は β は計算して求める必要がある。β は，証券 i と市場ポートフォリオ M との共分散を市場ポートフォリオ M の分散の値で割った値なので，それを求める必要がある。たとえば，次の京都化学会社の株式リターンと東京市場 500 銘柄のインデックスのリターンをもとに，京都化学の β を計算してみよう。

年　　度	京都化学株価(R_k)	市場インデックス(R_M)
1	−10%	−40%
2	3	−30
3	20	10
4	15	20

（注）東京市場 500 インデックスは架空のポートフォリオである。

〈計　算〉

(1)　市場インデックスおよび京都化学の平均リターンを計算する。

京都化学　　$(-0.10+0.03+0.20+0.15) \div 4 = 0.07$

市場インデックス　　$(-0.40-0.30+0.10+0.20) \div 4 = -0.10$

(2)　上記の会社および市場インデックスのリターンの偏差をそれぞれ計算して，その年度別の各値の積を計算する。これは，市場インデックスと会社とのリターンの共分散を計算するためである。

$$(-0.17) \times (-0.30) + (-0.04) \times (-0.20) + (0.13) \times (0.20)$$
$$+ (0.08) \times (0.30) = 0.109$$

(3)　市場インデックスのリターンの分散を計算する。

$$(-0.30)^2 + (-0.20)^2 + (0.20)^2 + (0.30)^2 = 0.26$$

(4)　この (2) と (3) から，β を計算する。

$$\beta = 0.109 \div 0.26$$
$$= 0.419$$

この β は，多くの要素から決まるといえる。たとえば，企業収益の変動性，業務レバレッジ，それに財務レバレッジである。産業別にみても，食品・医薬・鉄道・電力といった産業では，変動性が比較的小さい。一方で，自動

車・精密機器・家電といった産業は，景気の影響に非常に敏感であるといえるであろう。このようなことから，企業の収益率は，その企業が属する産業での平均リターンの変動にきわめて近い動きをすることが予想される。業務レバレッジは，［(利子・法人税控除前の利益の変化額)÷(利子・法人税控除前の利益額)］÷［(売上高の変化額)÷(売上高)］からなる。これは，固定費が増えると増加し，変動費用の割合が高いと低下する。財務レバレッジは，負債と自己資本との構成であり，これにより β は影響を受けるが，ビジネス・リスクという意味では，収益の変動性と業務レバレッジは β に影響を与える。そのことは，プロジェクトの割引率の決定には，収益の変動性であるビジネス・サイクルの影響と業務レバレッジがそのプロジェクトでどうなるかが1つの判断資料になるということである。

　財務レバレッジは，資産がどのような資金を基礎に構成されているかにかかわる。通常は，資産のリスクは自己資本のリスクであるが，負債などの借入で資金を導入すると，その負債リスクを考慮する必要がある。しかし，負債は確定支払という点でリスクがないとすれば，次の関係が求められる。

$$\beta_{資産}=\frac{負債}{負債＋自己資本}\times\beta_{負債}+\frac{自己資本}{負債＋自己資本}\times\beta_{自己資本} \qquad (3\text{-}7)$$

負債の β は非常に低いとすると，

$$\beta_{資産}=\frac{自己資本}{負債＋自己資本}\times\beta_{自己資本}$$

よって，次のような自己資本の β は，財務レバレッジにより資産のもつ β より高くなる。

$$\beta_{自己資本}=\beta_{資産}\times(1+\frac{負債}{自己資本})$$

　資本予算で問題になるプロジェクト評価においては，プロジェクトのリスクをどう評価するかがいつも問題になる。前述した資産の β が財務レバレッジの影響を受けるように，プロジェクトもさまざまなリスクにより異なる影響を受けるといえる。しかし，リスクを計量化するうえでは，β に代表されるようになんらかのリスクを数値化する必要がある。そこで，プロジェクトの割引率としてそのような関係を表現することがリスクを織り込むうえでの重要な方法の1つとなる（キャプランは，イノベーションのリスクについても

考察している。R.S. キャプラン，A.A. アトキンソン〔浅田孝幸・小倉昇監訳〕［1996］『キャプラン管理会計』下巻，中央経済社）。

例題 3.5　大阪産業は，あるプロジェクトを行うための資金として，借入資金と自己資金の両方の利用を考えている。借入金は 4000 万円で，自己資金は 6000 万円である。借入金については 15% の利子支払を予定しており，この企業の株価は現在 2000 円，発行済み株式数は 3 万株である。負債による借入では 15% の利子支払が必要であり，この企業の β は 1.41 である。実効税率を 34% と仮定し，また株式市場の平均期待リターンを 19.5%，国債利子率を 8% としたときのこの企業のプロジェクト評価のための割引率はいくらか。なお，このプロジェクトへのリスクは，当社のベータを利用するものとする。

<table>
<tr><td colspan="3" align="center">期末貸借対照表（プロジェクト前）
（単位：百万円）</td><td colspan="3" align="center">期末貸借対照表（プロジェクト後）
（単位：百万円）</td></tr>
<tr><td>流動資産</td><td>100</td><td>流動負債 80</td><td>流動資産</td><td>110</td><td>流動負債 80</td></tr>
<tr><td>固定資産</td><td>200</td><td>固定負債 120</td><td>固定資産</td><td>290</td><td>固定負債 160</td></tr>
<tr><td></td><td></td><td>自己資本 100</td><td></td><td></td><td>自己資本 160</td></tr>
</table>

(1)　負債の税引後コスト率 $= 0.15 \times (1 - 0.34) = 0.099$

(2)　自己資本のコスト率 $= R_F + \beta \times (R_M - R_F)$
$$= 0.08 + 1.41 \times (0.195 - 0.08)$$
$$= 0.24 = 24\%$$

(3)　自己資本・負債比率は，財務論では負債・自己資本の簿価でなく時価で計算すべきであるが，必ずしも時価は明確でない。一般に自己資本の価値は，発行済み株式数（3 万株）に株価を掛けたものである。この株価も市場があることを前提にするので変動しており，平均市価を利用することになる。ここでは，会計測定について簿価で計算されたものとする。すると，自己資本増加額は 6000 万円，負債については，資本コストをもつ負債は固定負債とすれば，固定負債の増加分である 4000 万円ということになる。ただし，B は負債資本，S は自己資本を示す。T_C は税率，r_B は負債資本のコスト率，r_S は自己資本のコスト率を示す。

$$\text{プロジェクトの}\atop\text{平均コスト率} = \frac{B}{B+S} \times r_B \times (1-T_c) + \frac{S}{B+S} \times r_s$$

$$= \frac{4000}{6000+4000} \times 0.099 + \frac{6000}{6000+4000} \times 0.24$$

$$= 3.96\% + 14.4\% = 18.3\%$$

このプロジェクトの必要割引率は，およそ 18.3% である。

（注1）　この例題で，プロジェクトの追加における株価への影響は織り込んでいない。そのために，資産・負債価値は，現状のままでの簿価で算定されている。さらに，簿価でなく市価が使われているとすれば，負債については，市価が必ずしも明確でない場合には，簿価も利用されることになる。

（注2）　貸借対照表の持分側，あるいは資金の調達源泉を明示する側（慣用的に右側）では，簿価か市価について，大きく金額が異なる。第1章でキャッシュフロー会計を説明した際，この右側は基本的に取得原価であった。すなわち，調達した時点での購入価額で測定され計上されている。しかし，このプロジェクト評価では時価が利用されている。この扱い方は，結果をどう測定して意思決定の妥当性を評価するかという視点からみれば，大きな課題をもっている。すなわち，現行の制度的な測定システムは，そのままでは市価の評価システムとしては利用できないということである。もっとも，第1章で取り上げたクリーンサープラス関係が妥当すると考えれば，簿価を利用することに1つの根拠を与えるものといえる。資産側でも市場価値と簿価の違いを問題にすることができる。たとえば，トービンの q が登場する。これは，資産の時価を同じ資産の取替え価値で割った値である。この値の倍率により事業成功の程度が計れるともいえる。

7　資本予算の基礎理論──MM 理論

　企業価値は負債の時価と自己資本の時価との総和とするのが，経済学的な企業価値のとらえ方である。会計は，この企業価値については，取得原価主義により，負債簿価と自己資本簿価との合計で算定してきた。しかし，最近の企業評価の流れは確実に，キャッシュフローによる企業評価の重要性を明らかにし，金融資産・金融負債・非営業資産について時価による評価を要求している。このような流れのなかで，しだいに会計による企業価値の算定も

経済的評価に近似することは，すでに指摘したとおりである。このことから，企業の価値をどのような視点でみるかという問題が依然として完全には解決したわけでないが，われわれは株主価値という視点から，より彼らの意思決定にとり合理的な情報提供という点で会計測定をみていくことにしている。

　そこで，本章での企業価値の最大化は，自己資本価値の最大化であることを暗に前提としているが，この場合に負債と資本との関係が，自己資本価値の最大化に影響するのだろうか。MM（Modigliani and Miller）理論によれば，税金のない場合，企業価値は異なる資本構造からは独立しているという。すなわち，負債のない場合の企業価値は，負債のある場合の企業価値に等しい。これを簡単な例題でみていくことしよう。

例題 3.6　名古屋商事のオーナー経営者A氏は，株式を償却して借入金を増やすことを計画している。現在の資本構成と借入後の資本構成は表のとおりである。企業資産は 8000 万円，現在の発行済み株式数は 400 万株。市場価値は 20 円/株である。予定している借入は 4000 万円で，株式を 4000 万円分償却する。借入利子率は 10% とする（Ross, Westerfield and Jaffe［1996］pp. 388-389）。

名古屋商事の財務状況

	現　行	変更後
資　産	8000万円	8000万円
負　債	0	4000万円
自己資本	8000万円	4000万円
利子率	10%	10%
株式時価	20円	20円
発行株数	400万株	200万株

資本構造の変化の予測

	現行（負債なし）			変更後（負債＝4000万円）		
	景気後退	期待レベル	好景気	景気後退	期待レベル	好景気
資産利益率	5%	15%	25%	5%	15%	25%
利子控除前利益	400万円	1200万円	2000万円	400万円	1200万円	2000万円
支払利子	0	0	0	400万円	400万円	400万円
利子控除後利益	400万円	1200万円	2000万円	0	800万円	1600万円
株主資本利益率（ROE）	5%	15%	25%	0	20%	40%
1株利益（EPS）	1円	3円	5円	0	4円	8円

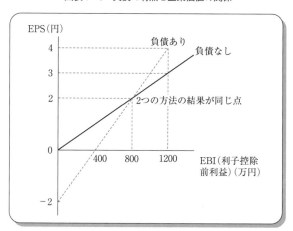

図表3-5　負債の有無と企業価値の関係

　この借入金による資本から負債への変換により，株主は利得を得るだろう
か。MM理論の命題1では，資本構成の変化から企業価値は変化しないとい
う。そこで，上記の結果をみると，株主はROE（株主資本利益率）と
EPS（1株利益）の増加に関心をもっている。期待レベルのROEは15%か
ら20%に増えており，またEPSは3円から4円に増えている。この関係
は図表3-5に示されている。

　この図で，負債のある財務構造（財務レバレッジ）の場合には，EBI（利子
控除前利益）がゼロであれば，EPSは負からスタートする。逆に負債のない
場合には，ゼロからスタートする直線で描かれている。この2つの財務構造
の結果が同じであるのは，EBIが800万円で，EPSが2円のときである。
このことから，800万円を上回るEBIでは，財務レバレッジにより，負債
のある企業のEPSは有利であることがわかる。

　しかし，これは，企業価値からみて，株主に有利であろうか。このような
企業借入による財務構造の変化が株主価値に影響を与えるかをみるために，
先ほどの例を使い，株主が負債のある企業のケースと負債のない企業のケー
スで，前者の場合に100株，後者の場合に200株を借入して購入するケース
を考える。いずれも，先ほどの例題を利用して，企業の株価は20円/株であ
る。借入による追加コストは200（株）×20円－2000円＝2000円なので，資

図表 3 - 6　株主への利得と費用──借入会社と自己買入のケース

借入企業のケース			
	景気後退	期待レベル	景気拡大
EPS	0	4円	8円
100株の収益	0	400円	800円
期初のコスト＝100株×20円/株＝2,000円			

自己資本のみの企業のケース			
	景気後退	期待レベル	景気拡大
EPS	1円	3円	5円
200株の価値	200円	600円	1,000円
期初のコストを上回る追加コスト ＝200株×20円−2,000円＝2,000円		200円	200円
正味価値	0円	400円	800円

(注)　Ross, Westerfield and Jaffe [1996] p. 391, を修正。

本コストは 10％×2000 円＝200 円となる。これを比較すると図表 3 - 6 のように なり，いずれの場合でも，株主の価値は同じである。言い方を変えると， 税金のない場合には，財務構成のいかんにかかわらず資本コスト率は一定である。

$$r_{WACC} = \frac{B}{B+S} \times r_B + \frac{S}{B+S} \times r_S \qquad (3\text{-}8)$$

負債のない企業（例題参照）＝ $\dfrac{0}{8000\,万円} \times 0.10 + \dfrac{8000\,万円}{8000\,万円} \times 0.15 = 15\%$

負債のある企業（例題参照）＝ $\dfrac{4000\,万円}{8000\,万円} \times 0.10 + \dfrac{4000\,万円}{8000\,万円} \times 0.20 = 15\%$

第 2 の MM の命題は，自己資本の期待利益は財務レバレッジの大きさに 比例するというものである。すなわち，持分のリスクは，レバレッジの大き さに比例する（以下，r_{WACC} を r_0 と表記する）。

$$r_0 = \frac{B}{B+S} \times r_B + \frac{S}{B+S} \times r_S$$

両辺に $(B+S)/S$ を掛ける。

$$\frac{B}{S} \times r_B + r_S = \frac{B+S}{S} \times r_0$$

$\dfrac{B}{S} \times r_B$ を右辺に移項して整理する。

$$r_S = r_0 + \dfrac{B}{S} \times (r_0 - r_B)$$

以上から，r_S の自己資本コスト率は，B/S の負債と自己資本との関係，すなわち財務レバレッジに比例することが示されたわけである。このことは，加重平均資本コストは財務レバレッジに関係なく一定であることを示しており，税金のない世界では，財務レバレッジが資本コストの大きさを決めることになる。

以上の基礎的な MM 理論をもとに，税金のある場合にどのような効果が生まれるかを示したのが次の式である。

利子および税金を控除する前の企業の総キャッシュフローを $EBIT$ とし，税率を T_C とする。またそれ以外は前述と同じ記号を用いると，

$$EAT\,(\text{earning after tax：税控除後利益}) = EBIT - T_C \times EBIT$$
$$= EBIT \times (1 - T_C)$$

企業が負債をもっている場合の税引後利益は，

$$EBIT - r_B B - T_C \times (EBIT - r_B B) = (EBIT - r_B B) \times (1 - T_C)$$

そこで株主と債権者への配分の合計は，

$$EBIT\,(1 - T_C) + T_C r_B B$$

$T_C r_B B$ は負債資本をもつ企業における投資家への追加キャッシュフローである。この $T_C r_B B$ を負債資本によるタックスシールド（税金減額効果）と呼んでいる。このタックスシールドの現在価値を計算すると，それが永久に続くとすれば，

$$\dfrac{T_C r_B B}{r_B} = T_C B$$

以上の公式を利用すると，負債資本のある場合，企業価値は負債のない場合の税引後の収益の現在価値とタックスシールドによる追加的な収入の現在価値の合計となる。

$$V_L = \dfrac{EBIT\,(1 - T_C)}{r_0} + \dfrac{T_C r_B B}{r_B}$$
$$= V_U + T_C B \tag{3-9}$$

上式の示すところは，負債資本のある企業の価値は，自己資本の企業価値とタックスシールドの現在価値の合計である。これが，税金のある場合のMM理論の命題1である。同様に，税金のある場合のr_Sは，次のようになる（Ross, Westerfield and Jaffe［1996］p. 406）。

$$r_S = r_0 + \frac{B}{S} \times (1 - T_C) \times (r_0 - r_B) \tag{3-10}$$

加重平均資本コストr_0は税金のある場合には$B + S = V_L$，V_Lは負債資本のある場合の企業価値*であるから，次のようになる。

$$r_0 = \frac{B}{V_L} \times r_B \times (1 - T_C) + \frac{S}{V_L} \times r_S \tag{3-11}$$

* 負債資本をもつ場合の企業価値を示す貸借対照表は，下表のとおりである。

表　負債資本をもつ場合の企業価値

貸借対照表（市場価値ベース）

V_U＝負債なしの企業価値 $T_C B$＝タックスシールド	B＝負債 S＝自己資本

表のバランスシートの左側の期待キャッシュフローは$V_U \times r_0 + T_C \times B \times r_B$，同じく，バランスシートの右をみると，負債資本と自己資本の期待キャッシュフローは$S \times r_S + B \times r_B$である。このモデルでは，恒久的に一定のリターンが得られ，それを配当・利子として支払う非成長モデルが前提とされているので，

$$S \times r_S + B \times r_B = V_U \times r_0 + T_C \times B \times r_B$$

となる。ここから，両辺をSで割って，左辺の第2項を右辺に移項すると，

$$r_S = \frac{V_U}{S} \times r_0 - (1 - T_C) \times \frac{B}{S} \times r_B$$

となる。$V_L = V_U + T_C \times B = B + S$なので，$V_U = S + (1 - T_C) \times B$となり，次の式が求められる。

$$r_S = \frac{S + (1 - T_C) \times B}{S} \times r_0 - (1 - T_C) \times \frac{B}{S} \times r_B$$

ま と め

本章では，第2章を受けて，キャッシュフローで扱うことが一般的な資本予算の問題をどのように考えるかについて基礎的な内容を考察した。株主価

値，従業員価値，顧客価値を実現するうえで最も重要な経営者の課題は，投資選択にある。提供される人的資源・財務資源から人的資源・物的資源・情報資源の最適な組合せにより，企業価値の向上が可能となる。企業価値そのものは，ここでは資本市場での株主価値である。その資本の機会費用で表現される資本コストを上回るには，少なくともどのような考え方が必要であるか考察してきた。もちろんここでの考察において，その場合の考え方の基礎になるのは過去のキャッシュフローの利用でなく，将来に流入するであろうキャッシュフローである。その意味では，予測計算である。しかし，その予測計算には，第1章での主張と同様に，取得原価主義からより広い視点に立った，企業価値の測定とそれによる意思決定の妥当性が指摘されたわけである。ここでの主張はもちろん，会計を否定するためでなく，会計測定を拡張し，より合理的な意思決定にそった測定システムへの拡張を考えるうえでの方法論を論じたものと理解すべきである。

〈参考文献〉

Ross, S. A., R. W. Westerfield and J. F. Jaffe [1996] *Corporate Finance,* 4th ed., Irwin.

Chew, D. H. [1999] *The New Corporate Finance,* 2nd ed., Irwin.

Martin, J. D. and J. W. Petty [2000] *Value Based Management : The Corporate Response to the Shareholders Revolution,* Harvard Business School Press.

西村慶一・鳥邊晋司 [2000]『企業価値創造経営』中央経済社。

門田安弘 [2001]『管理会計』税務経理協会。

第4章

コスト・モデルと業績測定

はじめに

　前章での投資プロジェクト問題では，取得原価主義からの離脱が財務的意思決定に必要な情報を生み出す仕組みとなることをみてきた。ここでは，意思決定問題としてキャッシュフロー・ベースでの測定と評価では十分でないプロセス・マネジメントの問題（すなわち管理会計の問題）を考えてみることにしよう（西村・鳥邊 [2000]）。なぜキャッシュフロー・ベースでは十分でないのかは，3つの理由による。第1はプロセスが長くて複雑なこと，第2は，第1の理由から，キャッシュフローでは期間的な収益との対応が不可能なこと，そして第3はモチベーションの問題を抱えていること，である。

　これまでのプロセス・マネジメントでみられる資源配分の評価や資源配分のための意思決定情報としては，全部コストによる計算と原価測定が重視されてきた。しかし，ここでもより環境に即した情報が求められている。すなわち，市場での企業評価を意識したコスト・モデルの必要性である。そこで，コスト・モデルとして比較するために取り上げるのは，次の4つである。伝統的全部原価モデル（TCM：traditional costing model），ABC モデル（activity based costing model），直接原価モデル（DCM：direct costing model，あるいは変動的原価），それにスループット・モデル（TPM：throughput costing model）*である。それぞれの特徴をみながら，基本的には，全部原価モデルに対してABC モデルの優位性を考察する。直接原価モデルに対しては，スループッ

ト・モデルの優位性を考察する。

> *　スループット・モデルを throughput costing model としているが，一般的
> にはスループット会計と呼んでおり，原価計算に対して否定的な意味が込め
> られている。しかしここでは，costing を入れることで，スループット・モ
> デルにおける原価計算の必要性を意識している。もっとも，伝統的原価計算
> の定義からは問題がある。

　全部原価モデルに対する ABC モデルの優位性は，市場での企業価値を意
識した経営者の視点で企業体，事業・製品ライン，さらにはプロセスの業績
をみるために必要な内部データを提供しうるか否かという点にある。
　なお，ABC モデルによる計算結果は，全部原価モデルと同じではない。
その理由として，間接費の配賦方法の違いに注目することがあげられる。
もっとも，たしかにそのような見方もとることができるが，ここでは，
ABC モデルは，資源消費の原因と結果の関係をより正確にとらえるという
点と，活動という単位で原価の因果関係をとらえるという点で，消費対効果
の関係をより忠実に写像することになり，投資家の意図である価値創造をよ
り正確にかつ柔軟に跡づける方法であるという点に注目する。したがって，
全部原価モデルとは異なる意義をもつと考えている。
　もう１つの，直接原価モデルとスループット・モデルの違いは，後でも触
れるが，コストとキャッシュフローとの関係をどうみるかという点にある。
短期的な経営問題では，しばしば一定の資源制約を前提に意思決定をしなけ
ればならない。その場合，より問題になるのは，利益の最大化にかかわる要
因をどのような視点でみるかである。所与として短期キャッシュフローを決
める変動要因に注目するのか，それとも，制約要因の改善に注目するのかと
いう違いである。後者の視点から，スループット会計の優位性があるという
ことをみることにしよう。

1　コスト・モデルにおける２つの考え方

1.1　伝統的計算の意義
会計的利益を計算するうえで，重要な役割を果たすものに原価計算がある。

損益計算書での売上原価の計算は，2つのタイプに分かれる。1つは，全部原価計算と呼ばれるものである。もう1つは，部分原価計算と呼ばれるものである。全部原価計算は，文字どおり，原価として製品の製造にかかわって消費されたすべての資源をその給付（中間的なものを除いて，最終製品・サービスをここでは対象とする）に関係づけて把握するものである。したがって，収益に対しての原価の動きを説明する論理と情報を提供する。その場合に計算された製品別コストは，短期的な現金あるいはキャッシュフローの支出とは直接関係しないといえる。この計算原理は，発生主義原理を基礎にした計算である（第1章を参照）。

　全部原価計算は，財務会計制度（外部への財務報告書の作成を支える基準：企業会計原則）によってその実施が強制されている。財務諸表を作るうえでの前提となる計算方法であるといえる。しかし，全部原価計算には大きな欠陥があることが指摘されている。1つめは，現実の生産技術が，20世紀の初頭にあった少品種大量生産から多品種少量生産に移っており，その結果として，直接製造原価の占める割合が減少し，製造間接費が増加していること（櫻井［1998］）である。そうした状況により，原価の直接費に対する間接費比率の上昇への適切な対応という点で，コンベンショナルな方法の採用は結果の精度からみて不十分であるとの指摘である。全部原価計算は，古い生産方法である直接費中心に計算構造が形成されているのである。2つめは，製造会社でも，売上高に占める製造原価の割合が低下しており，販売費用・管理費用といった製造以外の期間原価が売上高の20〜30%を占めるようになってきたことである（浅田ほか［1998］）。これは，原価の大きな部分が製品やサービスとの対応なしに発生しているとの情報の錯覚を経営者・管理者に与えてしまう。とりわけ，設備費用や資本コストといった，サービスを提供する能力にかかわる費用についてどのようなマネジメントが必要かを考えるうえで，基本的な因果関係（何を消費者に提供し，そのためにどれだけ資源が貢献したのか）をベースにした情報が存在しないことになる。

1.2　間接費処理の問題

そのような事情から，全部原価計算に対して，製造間接費の詳細な検討を

行える計算方法が求められてきた。それが，ABCモデルである。この計算方法の大きな特徴は，製造間接費の処理にある。全部原価計算は多くのバリエーションをもつ。たとえば，原価計算基準（1962年設定）をみると，そこには総合原価計算と個別原価計算が説明されている。それらは，製造原価をおおむね材料費・労務費・経費に区別して，原価をまずとらえる。これを形態別分類と呼んでいる。その形態別原価を，製品との対応関係からみて重要でかつ測定容易なものを基準に直接費・間接費に分ける。直接費は直接材料費・直接労務費・直接経費からなり，間接費は間接材料費・間接労務費・間接経費である。直接費と間接費に分ける基準は2つある。1つは，製品・サービスの主要な費用を構成するか否かである。もう1つは，個別に測定することが経済的に意味を有するか否かである。たとえば，材料費では，素材費や買入部品費などといった費用要素が直接材料費である。間接材料費には，消耗品費・共通材料費などが含まれる。この直接費は，製品を構成する主要な要素であり，労務費・経費でも注意深く記録・計算される。しかし，それ以外の間接費は，その製品への合理的な跡づけを費用対効果の合理的な範囲で明らかにするために，部門別あるいは工程別（部門と工程の区別は多分に慣行的で本質的な違いはない）に把握されている。

　これらの製造間接費は，ものを実際に作り出す場所である部門との関係（あるいは工程）で，特定の部門に固有に発生する費用であるか否かにより，部門個別費・部門共通費という分類基準がある。部門共通費は，いずれの製造および製造を補助する部門でも，その消費額を直接的には測定できない費用をさす。そのために，なんらかの配賦基準を利用して，部門への配賦率を求め，それに配賦基準量を掛けて部門へ配賦される。一方，部門別に費用発生が個別に測定できる費目は，部門個別費と呼ばれる。たとえば，機械の減価償却費などはそれにあたる。ABCモデルからみれば，この部門別原価計算が欠陥をもつことになる。すなわち，費目別に計算されて，直接費と間接費に分けられ，さらに，間接費を部門共通・部門個別に配賦するところまでは，配賦計算方法と実際の発生原因との因果関係に大きな差異はない。製造部門・補助経営部門・工場管理部門への配賦に大きな問題はないだろう。しかし，補助部門から製造部門への配賦（これは，部門費を製品に配賦するため

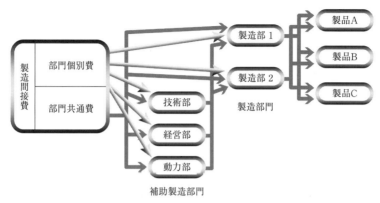

図表 4-1 部門別計算の方法

(注) 製造直接費は記入していない。⟶は賦課を示し，➡は配賦を示す。補助部門費の製造部門への配賦は，直接配賦法を示す。

に因果関係をトレースするうえでも必要とされている）と，製造部門から製品への配賦で，多くの間接費は因果関係とは関連しない方法が会計原則では一般的に認められている。すなわち，ABC モデルからみた場合の全部原価計算の課題は，部門別に測定された製造間接費を，補助部門間，あるいは補助部門から製造部門への再度の配賦と，製造部門から製品への配賦の 2 つにおいて，きわめて単純化がなされることにある（図表 4-1 参照）。

　同様な問題は，本社費用（大きくは，全般管理費用，本社共通サービス費用・本社戦略費用とその他費用に分かれる）の効果と犠牲をとらえるうえでも，ABC モデルのロジックが有用であるとされている。これは，次のような事例で説明されている。

● 事例 ❶

　NEC システム建設(株)（1953 年に NEC より分離独立した情報通信システムのエンジニアリング会社で，資本金 127 億円〔1999 年 3 月末〕，売上高 2238億円〔1998 年度〕，従業員 3300 人，事業拠点国内 77ヵ所 2 子会社，海外 7 拠点，7 現地法人からなる）では，本社費用の配賦において，不適切なこれまでのやり方を是正するために，ABC を利用して本社部門の費用を事業部に配賦するようにシステムを変更した。従来の本社費用の事業部への配賦は，事業部

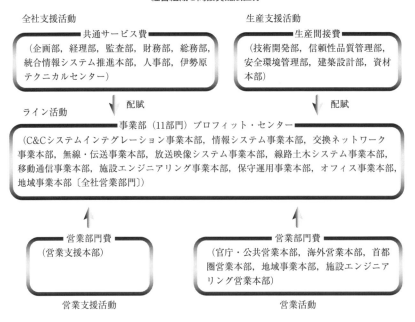

経営組織と間接費配賦区分

全社支援活動　　　　　　　　　　　　　　生産支援活動

共通サービス費
（企画部，経理部，監査部，財務部，総務部，統合情報システム推進本部，人事部，伊勢原テクニカルセンター）

生産間接費
（技術開発部，信頼性品質管理部，安全環境管理部，建築設計部，資材本部）

ライン活動　　　　　　　　配賦　　　　　　　　　　　　配賦

事業部（11部門）プロフィット・センター
（C&Cシステムインテグレーション事業本部，情報システム事業本部，交換ネットワーク事業本部，無線・伝送事業本部，放送映像システム事業本部，線路土木システム事業本部，移動通信事業本部，施設エンジニアリング事業本部，保守運用事業本部，オフィス事業本部，地域事業本部〔全社営業部門〕）

営業部門費
（営業支援本部）

営業部門費
（官庁・公共営業本部，海外営業本部，首都圏営業本部，地域事業本部，施設エンジニアリング営業本部）

営業支援活動　　　　　　　　　　　　　　営業活動

売上高もしくは人員数であった。そこで，合理的な配賦をするために，1994年5月にABCの導入を決定し，95年4月に正式に採用した。この結果，事業部の利益算出方法の変更は，本社費用の配賦において公平性と納得性を確保するのに貢献したと評価されている。さらに，サイド効果として，事業部が本社をモニターすることによって，本社費用肥大化の抑制構造が構築されたと評価されている。

(1)　経　営　組　織

　経営組織は基本的に技術分野別に事業部制を採用するとともに，営業機能については，全国の支社・支店から地域事業本部と市場別の営業本部に集約している。利益計算単位は事業部であり，事業運営にあたり常にトータル・コストを意識づけるとともに，財務会計との整合性を重視し，すべてのコストを事業部に賦課（直接負担させる）または配賦（なんらかの基準を利用して，配分する）している。

(2)　ABC導入の背景

　はじめに指摘したとおり，事業規模の拡大と技術革新を背景とした事業内容

の多様化・複雑化により，生産関係の間接費のみでなく，本社費や営業部門費が増大したことである。これら費用をこれまでは，ラインである事業部に合理的な論理で配賦するのでなく，売上高や従業員規模を基準に配賦されてきた。このことが，ラインである事業部とすれば，配賦計算を通じて管理できない間接費が配賦され事業部利益を圧迫することになり，従来は関心の薄かった本社費の配賦基準への疑問が提起された。さらに，本社費用になっているサービスの一部は，むしろ市場から購入することで抑制されるのではとのラインからの意見も出されるようになった。

(3) ABC の論理

そこで，当時の経理担当重役である安部彰一常務は，4 つの方針と 6 つのステップによって ABC の導入を進めた。4 つの方針は，以下のようなものである。

(1) ABC による本社費の合理的配賦（本社費用において発生する活動とコストとの関連性を明らかにする）

(2) 合目的性と費用対効果を考慮した ABC（費用対効果で精密な ABC をするのでなく，簡易な ABC を導入する）

(3) 自主的なマネジメントを志向する（活動の認識やコスト作用因〔コストを発生させる要因〕の選択手続きを各々の本社部門にゆだねることで，コスト・マネジメント活動へつなげる）

(4) 公平性と納得性をライン・スタッフに確保させる（本社費用の配賦の適正化はコンセンサスを基礎とする）

こうした 4 つの方針（合理性，経済性，自主性，公平性）を基礎に，1994年 5 月より以下の第 1 ステップから実施し，95 年 4 月に事業部管理会計規定の改定と ABC の導入が完了した。

(1) ABC の導入方針の決定

(2) 本社各部門による活動分析——これは，次の具体的な内容を含んでいる。① 本社部門別に活動を識別する（各部門当たり 4〜5 個），② 類似する活動のコストを集計する単位を 66 個設定（全部で），③ 部門費をコスト集計単位（類似活動のコストを集計）に跡づける。

(3) 経理部門による計算ととりまとめ——① コストを動かす要因（コスト作用因）を決定（40 種類），② コスト作用因別の配賦率を算定，③ 事業部別用役提供量（活動消費量）の算定，④ 事業部別配賦額の算定。

(4) 事業部に対する説明と意見調整

(5) 常務会による審議と導入決定

(6) 事業部管理会計規定の改定と ABC 導入

(4) 具体的な配賦基準

従来基準		新 基 準	
		コスト集計単位 (コストプール)	コスト作用因
第二資材部	材料購入高	1. 発注・納期管理 2. 価格交渉等 3. 梱包・輸送 4. 検査・品質管理 5. 庫材品管理	材料手配書件数 材料購入高 荷造運賃実績 検査要求件数 庫材消費実績
経理部	売上高	1. 予算・管理制度 2. 予算・税務 3. 海外経理支援 4. 会計監査 5. 固定資産税等	本部数(均等) 伝票処理件数 連結海外売上高 本部数(均等) 人員数
人事部	人員比	1. 採用活動 2. 給与計算 3. 福利厚生 4. 寮管理	配属人員数 人員数 人員数 (本社)人員数

(5) 共通費配賦計算表

(単位:千円)

部門名	部門費	コストプール	配賦額	コスト作用因	事業本部配賦額		
					C & C	情シ事	交換事
経理部		予算管理 会計税務 海外支援 監　査 事業所税等	72,050 135,650 80,320 25,810 91,750	本部均等 伝票処理件数 連結海外売上 本部均等 人員数	5,950 9,420 0 2,180 7,230	5,950 7,830 2,740 2,180 6,097	5,950 12,640 22,190 2,180 10,990
共通費合計	×××		××××		465,180	401,580	869,210

(注) 金額は,仮定値。
(出所) 安部[1995]147ページ。

(6) ABC の導入効果

　本社部門の従業員にとっても,自らのコストを自らの手で分析することができることから,本社費のマネジメントを行う足がかりとなる。たとえば,資材部門の材料発注・納期管理にかかわる期間費用と材料手配書1件当たりのコスト,経理部門の予算制度に関する期間費用と事業部当たりのそれにかかわる負担額とを示すことで,本社経理サービスに対する事業部からの監視はより厳し

くなった。さらに，基本方針にあったように，本社費用の配賦の公平化と納得
性が確保されるようになり，新基準と旧基準では，事業部によっては配賦額に
20％もの増減が生じたにもかかわらず，事業部への配賦の納得性は大きく高
まったといえる。さらに，NECシステム建設では，この新管理会計基準の配
賦ベースについては，2～3年の間隔で基準の見直しを実施している（安部
［1995］147ページ）。

(7) 他社への伝播と新たな意義

　NECシステム建設においてABCの考え方を本社費用の配賦に適応した事
例ときわめて類似した事例が，2000年における花王のEVA（economic value
added）の採用に関連して報告されている。

　花王は，事業本部の業績評価にEVAを導入し，期間ごとに残余利益の一部
について従業員賞与と株主への配当に振り向ける考え方を採用している。その
ために，事業部利益の計算には，いままで以上の厳密性と合理性が要求されて
いる。その1つの課題が，本社費用の配賦であった。花王はいままでの配賦方
法を見直し，部門別の活動内容の違いに応じて，複数の基準で部門とその部門
内のコストプールを基礎に本社費用の配賦を行っている。このように，合理性
と公平性が要求される課題に直面したとき，ABCの意義は非常に大きいとい
えるのではないだろうか。

1.3 ABCの間接費の処理

　この間接費の処理を中心にして，TCMからABCへの流れをまず概観す
ることにしよう。TCM（伝統的全部原価モデル）は多くのバリエーションを
もつが，おおむね，① 部門あるいは工程での製造間接原価の把握，② 補助
部門から製造部門への間接費の配賦，③ 製造部門から製品への原価の配賦
という2段階配賦方法を基礎にすることになる。図表4-2はそのような伝
統的モデルの関係を示している。注意したいのは，実線で描かれたコストの
流れは因果関係が直接的であるが，破線は複数の要素別費用を一括あるいは
単純化した配賦基準を利用して部門に跡づけようとしていることである。

　その結果として，TCMは，図表4-3のように，原価を費目・部門・製
品種類という単位でとらえることになっている。このシステムは，伝統的な
直接費中心の製造原価算定という点では十分に意義をもった原価計算システ

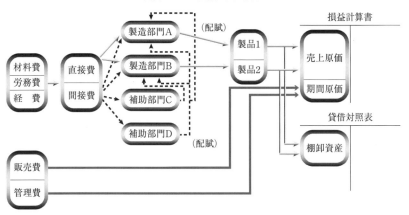

図表 4 - 2　2段階配賦の例示

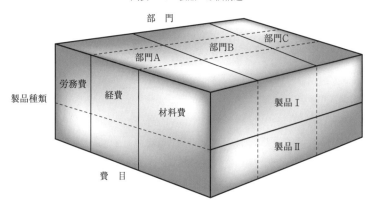

図表 4 - 3　製品の原価構造

ムであったが，現在の複雑化した製造業では不十分なものといわざるをえない。その理由を説明しておこう。

　すでに述べたとおり，ABC の大きな特徴は製造間接費用の扱いにある。これまでの伝統的な方法は間接費を発生場所に応じて部門別に把握したが，部門から製品への間接費の配賦においては，部門別に集計された各費目の発生原因とは関係しない一律の配賦基準で製品あるいは製造給付にその原価が配賦された。しかし，多品種少量生産を行う現在の工場では，製造原価に占める間接費の割合が工場の自動化や機械化により大きく増加している。その

ために間接費用の大雑把な配賦は，製品原価を大きくゆがめる可能性があったといえる。

1.4 資源プールとコスト・センター

TCMでは，資源消費をとらえるときに同質的な括りをせず，コスト・センターに間接費を集計することもできる。その場合には，これまでの形態別分類を基礎に，その部門別への費用の配賦を行ったことになる。その意義は，費用の発生点における管理を責任会計の論理を利用して予算管理することにある。これに対して，提案されたABCの違いとその特徴を解説することにしよう。

ABCでは，資源の種類別に，その同質的なものをまずとらえる。それを後掲の図表4-4のように，同質的な資源プールのなかに間接費を分類する。この資源プールの区分は，発生する費用を同質的な内容（同じ原因・効果の関係をもつこと）に応じて，分類するものである。たとえば，設備関係の費用であれば，機能別にみたときに大きな違いはない。固定設備（取得原価のうちの減価償却費）のみではなく，設備維持費用（設備保全費，保険料）も同じ資源プールに集められる。その資源プールから，それを利用した活動に配賦する。この場合，活動は，資源プールから一定の作用因（資源ドライバーと呼ばれている）を配賦基準にして配分される。活動は，直接的に製品あるいは製品群などを生産するための活動群と，活動を支える補助活動群とに二分されるだろう。その点から厳密に費用の動きをみようとすると，活動間と主要な活動と補助的な活動との間での配賦をとらえる必要がある。これについては，後で少し考察する。

その活動（activity）というプロセスを構成する基本的な単位に注目し，そこでの資源消費をとらえる。たとえば，生産技術部門ではなく，生産技術部門の総活動をさらに組立支援活動，検査支援活動，A製品歩留向上活動，B製品歩留向上活動のように分ける。ここで活動は，部門を細分した場合もあるが，部門と部門を横断する活動も存在する。たとえば，品質検査活動がそうであり，活動という単位でみれば，組立・加工などの部門に入っているが，活動としては共通化される。ここに，部門の区分と活動が大きく異なる

要素をもつことになる。そして，その各活動で発生した費用を最終的にそれを消費したコスト作用因を利用してサービス・給付に移転する。キャプラン，クーパー［1998］は，当初の，活動から給付あるいは原価対象（cost object）へのコストの一律的な配賦から，しだいに配賦の合理性と関係性からみて，一律に活動費を製品あるいはサービスにすべて配賦するという考え方をとらず，ある活動費はバッチ製品，ある活動費は製品ライン，ある活動費は製造支援費というように，配賦の階層性を主張するように変わってきている。

1.5 コストの配賦先の階層性

その階層性というのは，原因と効果の関係，あるいは便益享受の程度が，論理的に追跡できるものとできないものが存在することである（機械の設備とその利用サービスとの関係，基礎研究費とその便益享受対象の関係）。そこで，4つの階層レベルを打ち出している（Horngren, Foster and Dater［1997］p. 143）。

(1) 製品単位レベルのコスト——各製品・サービスの1単位に対して，活動で消費された資源を合理的に配賦できるコスト。機械の測定機器が完備されていれば，機械設備費・運転費（エネルギー・消耗費）はこれに該当する。

(2) バッチ・レベルのコスト——個別の製品・サービスでなく，製品やサービスのグループに関連して犠牲にされた活動費用。典型的なものは，段取費用，部品購買事務費用，納品検査費用などが含まれる。

(3) 製品・サービス支援のコスト——個別の製品やサービスを提供するうえで発生するコストで，設計費用・商品企画費用などが該当する。

(4) 設備支援費——個別の製品・サービスに合理的に配賦するのが困難な費用であり，工場や営業所などの施設を運営するうえで必要な費用である。

このように，上から下に下がるほど，コストは製品・サービスとの関係が曖昧になり，これまでの原価計算方法と同じ課題（恣意的な配賦により，因果関係を曖昧にする）をもつことになる。

このように，ABCモデルには新たな課題もあるが，これまでの原価計算と比較して，より精度の高い製品原価の算出が可能となる。もっとも，原価

を発生させる要因をもとに製品原価を求めるといっても，結合原価（joint costs）と呼ばれる原価があるように，製造原価がすべて製品に客観的に配賦できるものではない。そのためにこれまでも，さまざまな数学的な配賦方法（たとえば，小林［1991］に説明されている，構造行列による原価の計算方法がある）が試行されたわけである。そのさまざまな方法とABCの違いは，資源を消費する活動に注目する点である。したがって，工場のなかでも，修繕活動，工程別品質検査活動，設備保全活動，設備改善活動，段取活動，材料購買活動などさまざまな活動が一括されていたのを，活動単位のアウトプットからみて同質的な活動に応じて，あるいは活動の重要性に応じて区別することが行われる。その結果，活動別の資源消費が，製品の生産に直接関係するものから，製造設備維持の活動，顧客維持活動などに分かれて発生していることが明確になってくる。

　製品の生産に直接関係する活動については，さらに個別種類別，製品バッチ別，顧客別，さらには製品支援別や設備支援別に分かれることがしばしばある。このように活動の区分は際限がないので，どこかで計算のコストとベネフィットをみながら計算システムを設計する必要がある。さらに，活動は細分化されることで，活動間に階層性も明確化する。製品単位別―製品バッチ別―顧客支援別―設備支援別といったことで個々の製品に結びつくものから，より大きな括りで把握できるコストにまで分かれよう。

　複雑な計算を事後にしても意味がないとして，むしろABCを拒否する企業があることも事実である。いずれにしても，このような流れから計算されるABCの構造は図表4‐4のとおりである。とりわけ，この図では，設備1と設備2の保全・維持費用が最終的には製品1と製品2に配賦されており，この関係は因果関係が必ずしも明確には把握されない可能性がある。また将来品の製造・試作のための費用は，最終的には製品1と製品2に吸収されており，これが製品1と製品2の原価であるかについて疑問なしとしない。むしろ，将来品開発費用は，いったんは貸借対照表に試作・開発費として資産計上されて，その後で新製品の原価として，実現した収益への対応により把握されるべきであろう。すなわち，期間配賦されるべきであるとの見方もとることができよう。

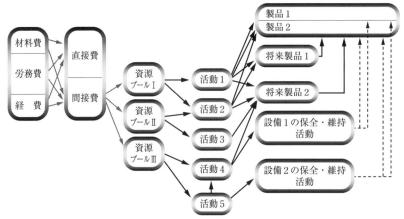

図表 4 - 4　ABC 原価計算の概念図

(注)　直接費の配分（賦課）関係は説明されていない。

1.6　ABC の意義──資源消費計算

　しかし，伝統的な全部原価モデル（TCM）と ABC（活動基準原価計算）モデルはいずれも，資源消費額を製品あるいは製品群に跡づける計算であることから，短期的な資金（キャッシュ）の動き（循環）を明示するためのシステムではない。むしろ固定費のうちコミッティド・コスト（能力費用，すなわち設備投資・設備改善の費用）として，短期的には変動しない原価を長期変動費（キャプラン，クーパー［1998］による）とし，中期的にその資源消費額をその収益とに対応させて投下された名目額の資金とその効果との対応をより厳密に行うための計算として機能してきた，というところに大きな意義があるといえるだろう。そのための計算原理は，直接費用については，その精度を維持することが各種の補助資料（材料出庫伝票，作業時間票，経費伝票）を利用して可能である。しかし，これまでの ABC を利用しない場合の間接費に分類された各種製造費用は，中期的には収益と対応するが，製品・サービスとしてのアウトプットとは必ずしも対応しないことになる。

　材料は購買において，キャッシュの流失を伴う。また，労務用役は，毎月，毎週，もしくはその利用程度，あるいは固定的資源として，一定以上の定期的なキャッシュの流失を伴う。しかし，設備資産の減価償却費，建物の減価

図表 4 - 5　カナダ企業の ABC の利用目的の調査から

(1)　製品価格に必要な原価情報をABCより得られる	61%
(2)　より精度の高い利益分析が可能である	61%
2-1　製品別での分析	22%
2-2　顧客別での分析	20%
2-3　プロセス別での分析	24%
2-4　部門別での分析	43%
(3)　業績尺度の改善	43%
(4)　コスト発生原因についてのよりよい洞察を得る	37%

(出所)　Horngren, Foster and Dater [1997] p. 151.

図表 4 - 6　伝統的な原価計算と ABC のアプローチ

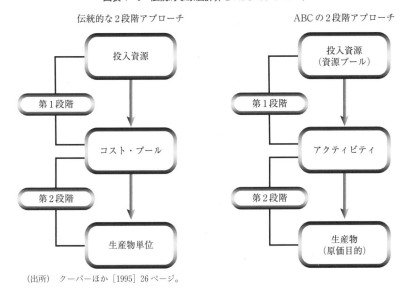

伝統的な2段階アプローチ　　　　　　ABC の2段階アプローチ

投入資源　　　第1段階　　コスト・プール　　第2段階　　生産物単位

投入資源（資源プール）　　　第1段階　　アクティビティ　　第2段階　　生産物（原価目的）

(出所)　クーパーほか [1995] 26 ページ。

償却費，試験研究費などは，その支出と消費の間に大きな時間的ずれを伴う。
その間を橋渡しするために，目的的な資源の消費対象と資源消費額の関係を
明確にしようとすることに視点があるといえるだろう。

　TCM では，棚卸資産の評価と売上原価（もちろんそれ以外にも，さまざま
に利用されている）を算定することが目的であり，ABC は製品収益性，部門

収益性，価格算定，セールズ・ミックスといった戦略経営に必要な情報の提供に貢献することを第一義とする（図表4‐5参照）。すなわち，TCMは財務会計に必要な情報提供であり，ABCは製品の戦略的評価と戦術的決定に必要な情報の提供であるといえるであろう。このように2つの方式は，経営上の意義という点で実質的に大きな相違があることになる（図表4‐6参照）。

● 事例 ❷ (Hicks [1992] pp. 225-238)

　神戸エンジニアリングは，4製品を製造し販売している。同社では最近利益率がかなり下がっており，なにが原因かを分析するように増田経理部長に連絡があった。そこで，これまでの分析を改めて，ABCにより社長に自社の状況を説明し戦略を提案することを考えた。

伝統的な損益分析結果

	製品A	製品B	製品C	製品D	合　計
売上高	2,470,000	2,880,000	830,000	2,620,000	8,800,000
売上原価					
材料費	750,000	1,000,000	350,000	900,000	3,000,000
外注加工費	0	200,000	50,000	150,000	400,000
直接労務費					
溶接加工	197,840	30,030	0	93,428	321,298
組　立	82,590	144,002	0	36,289	262,881
プレス加工	0	162,450	71,630	204,054	438,134
機械加工	54,125	14,512	12,500	0	81,137
労務費合計	334,555	350,994	84,130	333,771	1,103,450
間接費配賦額	789,884	828,697	198,631	788,033	2,605,245
総売上原価	1,874,439	2,379,691	682,761	2,171,804	7,108,695
売上総利益	595,561	500,309	147,239	448,196	1,691,305
技術費	155,173	162,797	39,021	154,809	511,800
一般管理費	284,074	298,032	71,436	283,408	936,950
利子・税金控除前利益	156,314	39,480	36,782	9,979	242,555
売上高利益率	6.33%	1.37%	4.43%	0.38%	2.76%

　(注)　製造間接費配賦額は，直接労務費の236.1%で計算する。技術費は製造加工費の13.8%で計算する。一般管理費は総加工費の22.2%で計算する。

ABC方式での製品別損益分析

	製品A	製品B	製品C	製品D	合　計
売上高	2,470,000	2,880,000	830,000	2,620,000	8,800,000
直接材料費	750,000	1,000,000	350,000	900,000	3,000,000

外注加工費	0	200,000	50,000	150,000	400,000
製造間接費					
直接労務費					
溶接加工	197,840	30,030	0	93,428	321,298
組　立	82,590	144,002	0	36,289	262,881
プレス加工	0	162,450	71,630	204,054	438,134
機械加工	54,125	14,512	12,500	0	81,137
製造間接費					
(労務費基準の配賦)					
溶接加工	177,116	26,884	0	83,642	287,642
組　立	73,939	128,918	0	32,488	235,345
プレス加工	0	145,434	64,127	182,680	392,241
機械加工	48,455	12,992	11,191	0	72,638
(機械時間基準の配賦)					
プレス機械	0	319,978	141,101	401,922	863,001
CNC機械	503,212	134,906	116,261	0	754,379
総製造原価	1,887,278	2,320,106	816,809	2,084,502	7,108,695
利子・税金控除前利益	143,475	99,064	−97,266	97,281	242,555
売上高利益率	5.80%	3.44%	−11.71%	3.71%	2.75%
機械時間					
プレス機械	0	9,563	4,217	12,012	25,792
CNC機械	6,882	1,845	1,590	0	10,317
総機械時間数	6,882	11,408	5,807	12,012	36,109

(注)　製造間接費の実際発生額は，配賦額に一致するものとする。

製品ライン別の収益分析——ABCとTCMとの比較

	売上高	利　益		売上高利益率	
		TCM	ABC	TCM	ABC
製品ラインA	2,470,000	156,314	143,475	6.33%	5.80%
製品ラインB	2,880,000	39,480	99,064	1.37	3.44
製品ラインC	830,000	36,782	−97,266	4.43	−11.72
製品ラインD	2,620,000	9,979	97,281	0.38	3.71
合　　計	8,800,000	242,555	242,554	2.76	2.76

　〈解　説〉　TCMとABCにおいて，利益，売上高利益率のいずれにおいて
も，製品ラインのCが多く変化している。もちろん，BとDもこれまでは低収
益品と思われていたのが，逆になっている。この理由は，直接費については2
つの計算方法で差がないことから，間接費の配賦方法が適切に因果関係を反映
してこなかったと推測される。その理由をさらに，配賦方法別にそれぞれの活
動センターで分析する必要がある。このような情報の歪みは，どのような結果
を招くだろうか。1つは，間違った価格づけである。2つめは，セールズ・

ミックスの間違いである。3つめは，製造設備の改善維持などの投資対象への
バイアスである。なお，この例題では，技術費・一般管理費の配賦については
ABC を適用していない点が，さらに分析課題として残っている。

2 直接原価モデルとスループット会計

　直接原価モデル（DCM：direct costing model）とスループット会計（TPA：
throughput accounting）は，それぞれどのような意義をもつのだろうか。簡
単にみていくことにしよう。
　製品原価を一部の製造原価に限定するという考え方は，古くから存在する。
伝統的な直接原価計算においては，活動による原価に注目するかわりに，2
つのコスト・ビヘイビアーの相違に注目している。それは，短期の営業量
（一般的に売上量で代替できよう）あるいは操業度（生産設備の能力を一定とし
たときの利用の程度）の動きにあわせて変化する原価とそうでないものとに
区分するものである（図表4-7参照）。これは，キャッシュフローの動きと
資源消費とが同時期に発生するものとそうでないものに区分して原価計算す
る考え方と大きな相違はないともいえる。そこで，DCM は，製造における
資源消費に注目するよりも，売上に対するキャッシュフローの変動対応を重
視したシステムである。そのために，製造間接費と呼ばれる費用についても，
営業量の動きにあわせて，変動製造間接費と固定製造間接費に区分して扱っ
ている。この固定製造間接費は，まさに固定設備あるいは設備の投資と拡張
に関する費用であり，短期的な回収を意図しない費用である。そのために直
接原価計算では，これらの固定費については，製品の原価としてとらえるの
でなく，期間原価として製造・販売活動の水準の変化にかかわらず一定額を
期間配分するかたちで，損益計算書における本社部門管理費あるいは販売部
門などの管理費である減価償却費などと同じように処理することになる。
　この直接原価計算のモデルをさらに最近では，より短期的な課題に特化す
るかたちで改良したものが提示されている。スループット会計と呼ばれるも
のである。これは，在庫として棚卸資産に計上できる原価は直接材料費のみ

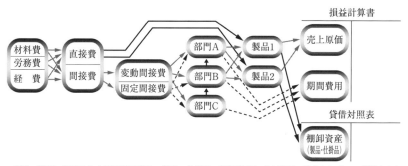

図表 4-7　直接原価計算を利用したコストの流れ

(注)　部門に配賦された固定間接費は，製品・仕掛品の棚卸資産と売上原価に配分されずに，期間当たりの費用として，当該損益計算期間の期間費用（これは，図では部門 A，B，C からの破線で示す）になる。

とするもので，事例 ❸ に示すとおり，スループット貢献額を明示する。この貢献額は資金の純流入額を示すことから，売上とともに，それにより実現しているキャッシュフローの概算として純額を明示していることになる。さらに，この計算では，棚卸資産の原価には材料費のみが利用されることから，経営者は，在庫積増しや仕損，減損などの非生産的なことによる原価についてはなんら製品性が存在しないものであるために，資源をできるだけ無駄に投下しないインセンティブを強めることになる。同じような考え方は，在庫を無駄とみる JIT (just-in-time) などの生産方式にもいえることである。しかし，これまでの経営者の多くは在庫を資産と考え，在庫切れを極力恐れて経営を行ってきた。多くの場合，適正な在庫を上回り，むしろ在庫生産は資産の増加ということで，経営結果からみればその方向での生産が刺激されるインセンティブを暗黙に想定していた。これは，株主価値の経営からは必ずしも妥当しない。また不必要な在庫をもつことは，ムリ，ムダ，ムラを生むことになり，企業の価値創造プロセスの隘路（とりわけ，生産過程・流通過程におけるボトルネック〔隘路〕が存在するとき，仕掛在庫の増加や不良在庫を製品資産として評価してしまう）を隠してしまう危険性がある。在庫生産のために，生産的設備の追加購入が現場からあがることさえ起こることになる。すなわち，キャッシュフローの最大化とも矛盾することになる。

　最近の企業間競争と多くの類似品の存在からみれば，売れるものを売れる

タイミングで作ることが，資金を滞らせない大きな要因である。そこで，生産活動とその担当部門者に在庫をもたないか，もたせないインセンティブをもった原価計算システムが求められているのである。

● 事例❸　スループット会計 (Horngren, Foster and Dater［1997］p. 309) ▭▭▭

	第1期	第2期
生産量	600 個	650 個
販売量	400 個	750 個
販売単価	99 円	99 円
直接材料費の製品当たり単価	11 円	11 円
直接労務費の製品当たり単価	9 円	9 円
製造間接費実際総額	12,800 円	12,800 円
製品1個当たり変動販売費	19 円	19 円
固定販売費	10,400 円	10,400 円

(注) 製造間接費は製品1個の変動費15円，予算固定間接費は3000円/期，製造間接費配賦率は20円/個。

TPA の損益計算書

	第1期	第2期
売上高	39,600	74,250
変動直接材料費		
期首在庫費用	0	2,200
製造直接材料費	6,600	7,150
売上総原価	6,600	9,350
期末在庫費用	2,200	1,100
直接材料費売上原価	4,400	8,250
スループット貢献額	35,200	66,000
その他の費用		
製造原価	18,200	18,650
販売費用	18,000	24,650
その他の費用合計	36,200	43,300
営業利益	−1,000	22,700

(注)　その他費用：製造原価
(600×9)＋12,800＝18,200；(650×9)＋12,800＝18,650
その他費用：販売費用
(400×19)＋10,400＝18,000；(750×19)＋10,400＝24,650

TCM の損益計算書

	第1期	第2期
売上高	39,600	74,250
売上原価		
材料費	4,400	8,250
労務費	3,600	6,750
製造間接費	8,800	14,800
計	11,532	29,800
	28,068	44,450
販売費用	18,000	24,650
営業利益	10,068	19,800

(注)　第1期製造間接費：12,800−20×600＋400×20
第2期製造間接費：12,800−20×650＋750×20

この事例からもわかるとおり，TPA は，製造変動費用を中心にした製造原価計算である直接原価計算に近い考え方であり，材料費が主要な直接製造

図表 4-8　DCM での損益計算書

	第 1 期	第 2 期
売上高	39,600	74,250
変動売上原価		
材料費	4,400	8,250
労務費	3,600	6,750
変動製造間接費	6,000	11,250
売上原価	14,000	26,250
製造貢献差益	25,600	48,000
変動販売費	7,600	14,250
限界利益	18,000	33,750
固定製造原価	3,800	3,050
固定販売費	10,400	10,400
営業利益	3,800	20,300

（注）　製造間接費の予算を超える発生分は，
　　　固定費から発生したとする。

費用であれば，TPA と DCM でのスループット貢献額と製造マージンとに
大きな違いはないともいえる。なお，TCM と TPA でみると，TPA は収
益に対する貢献分の原価を売上との対応でみようとしているので，TCM と
比較して第 2 期では 14.6％ も高い利益水準を示す。このことは，収益の動
きに比例した利益を示すだけでなく，スループット貢献額により短期的な資
金流入がどの程度増加可能であるかを示している。

　少なくとも，短期的な動きとしては，TPA を利用することで企業の資金
収支は改善していることが読み取れるであろう。このことは，TCM では不
可能な点である。

　同じ状況を DCM で説明したのが，図表 4-8 の結果である。TPA とほぼ
同じであるが，より収益の動きに TPA は反応することと，棚卸資産の評価
額を TPA はより少なく表示することになる。このために，在庫を積み増す
ための，キャパシティーの利用は抑えられることになる。

　さらに，この DCM と TCM，それに TPA を比較すると，利益変動が一
番大きいのが TPA であり，一番緩和されているのが TCM である。DCM
は中間に位置する。このことからもわかるとおり，TPA が最も利益変動を
示すだけでなく，在庫を積み増すことに対して，マイナスのシグナルを送る
ことになる。

このことは，予測が立ち季節的な売上変動を生産により調整しようとすることが必要な業界や産業では，TPA の利用は経営者に逆のインセンティブを与えることを意味する。このことから，TPA がどのような場合にでも有用であるという点で問題をもつことも観察されている。

3 直接原価モデル（DCM）と全部原価モデル（TCM）

　前節で利益構造の期間変化とコスト・モデルの比較を行った。図表4-9には，伝統的なこの2つの原価計算の違いをもう一度再述している。この2つのシステムは，在庫水準が複数期間の間で変化するときに，会計的利益に原価計算方式が影響を与える。すなわち，在庫水準が増加基調にあるとき，利益は全部原価計算システムのほうが直接原価計算システムより高くなる。また，在庫水準が減少基調のときは，逆になる。この例示では，在庫が1期から2期にかけて減少するとき直接原価計算よりも全部原価計算の利益が少なくなることから，後者の状況を示している。このように，この例示では，売上と生産との差異による在庫の変動が，2つのコスト計算モデルで会計利益に異なる影響を与えることが示されている。この問題では，さらに重要な予算原価と実際原価の差異による原価差異の追加配賦（売上原価と棚卸資産）の問題などは捨象されていることで非常に単純な問題であるが，それでも計算方式により利益が変わることから，理論的な計算根拠をいずれのモデルに求めるかにより会計利益は大きな影響を受けることが示唆されている。そして，全部原価計算は，先ほどの例にあったように，生産・販売のずれからの影響を中和する機能があるといえるだろう。したがって，ABC とはレベル的には異なるが，TCM は資源消費過程をできるだけ忠実に写像しようとする考え方を反映しているものと理解できる。そうであるならば，問題は，その計算構造が現実の生産・サービスの創造活動の変化にどれだけ忠実に対応しているかである。

　すなわち，TCM は，資源消費がどのように給付に転嫁されていき，最終的にいつその原価が売上として回収されるかに重点をおくことから，企業の継続性を前提にする場合には，企業活動の中期的な業績を把握するうえで役

図表4-9　2つの原価計算システムの期間利益への影響

	直接原価計算(DCM)		全部原価計算(TCM)	
変動製造原価				
直接材料費	3.50		3.50	
直接労務費	1.60		1.60	
間接製造原価	0.90	6.00	0.90	6.00
固定製造原価				
直接製造原価			0.30	
間接製造原価			1.70	2.00
総製造原価		6.00		8.00

(注)　予算生産量：1,100,000 個（第1期，2期とも同じ）
　　　実際販売量：1,000,000 個（第1期），1,200,000 個（第2期）
　　　固定製造原価：(1)直接製造原価：330,000 円，(2)間接製造原価：1,870,000 円
　　　固定販売管理費：5,500,000 円
　　　変動販売費：2,400,000 円
　　　製品価格：17 円/個

（第1期）　直接原価計算の損益計算書 (単位：千円)　　　　　　　　（第2期）

		（第1期）		（第2期）	
売上高	17.00×1,000,000 個		17,000		20,400
変動製造原価					
期首在庫		0		600	
変動製造原価 6.00×1,100,000 個		6,600		6,600	
総変動製造原価		6,600		7,200	
期末在庫	6.00×100,000 個	600		0	
変動製造売上原価		6,000	6,000	7,200	7,200
製造差益			11,000		13,200
変動販売費	2.4×1,000,000 個		2,400		2,880
貢献差益			8,600		10,320
固定費					
固定製造原価		2,200		2,200	
固定販売管理費		5,500	7,700	5,500	7,700
営業利益			900		2,620

（第1期）　全部原価計算の損益計算書 (単位：千円)　　　　　　　　（第2期）

		（第1期）		（第2期）	
売上高	17.00×1,000,000 個		17,000		20,400
売上原価					
期首在庫		0		800	
変動製造原価 6.00×1,100,000 個		6,600		6,600	
固定製造原価 2.00×1,100,000 個		2,200		2,200	
総製造原価		8,800		9,600	
期末在庫	8.00×100,000 個	800		0	
売上原価		8,000	8,000	9,600	9,600
売上総利益			9,000		10,800
変動販売費	2.4×1,000,000 個	2,400		2,880	
固定販売管理費		5,500	7,900	5,500	8,380
営業利益			1,100		2,420

立つコスト・モデルであると判断することができるであろう。しかし，すでに述べたとおり，現在の生産・販売システムは，TCMが写像しようとした状況から大きく乖離しているのが現実であることに注意しなければならないだろう。

ABCのモデルは，この全部原価計算の流れを維持しながら，資源消費と資金回収との関係をもう一度復活させることに苦心したモデルである。すなわち，TCMは，19世紀的な企業活動である直接費中心の場合には，資金回収と資金支出とが中期的に無理なく原価計算においても対応している。しかし，本社間接費の増加や物流・販売費といった非製造原価の増加により，これまでの計算方法から，ABCにより新たな分析視角を手に入れることが可能になる。それを事例で説明しよう。

● 事例❹　ABC物流の例（浅田ほか［1998］228〜232ページ）||||||||||||||||||||||||||||

⑴　ABC導入の背景と目的

物流会社であるC社は食品加工メーカーX社の物流子会社である。基本的には，独立採算を義務づけられているが，荷量の減少傾向と納入先からの多頻度の配送要求が強まってきた。このような状況では，これまでのX社専業からY，Z社の物流業務を請け負うことで，他社との提携から物流を集約化して荷量を確保することが必要になったのである。

しかし，C社としては，納入先からの多頻度配送要求によって原価が増加するのに加えて，荷主であるX社の料金値下げの要求も厳しくなってきており，収益構造の改善が必要となってきた。これまで，C社は車種別（4 t車・11 t車別）の走行距離に比例したサービス料金を適応してきたが，納入先からの多頻度配送要求によって増加している受注処理活動や配車処理活動，請求処理活動などのために発生する原価は走行距離に比例していないため，ABCを利用してこれらの活動原価を正確に測定してサービス料金の見直しとコスト改善策を検討することにした。

⑵　C社のABCの計算構造

C社では，図表4‑10に示すような計算構造に従って荷主別車種別の運送原価をABCで計算した。すなわち，業務を受注処理活動と配車処理活動，運送活動，請求処理活動に分けて，人件費や車両費などの発生原価を作業時間比などの比率で活動に配賦し，次にこの活動原価を受注回数や運行回数などのコス

図表 4 - 10　ABC による荷主別車種別原価計算構造

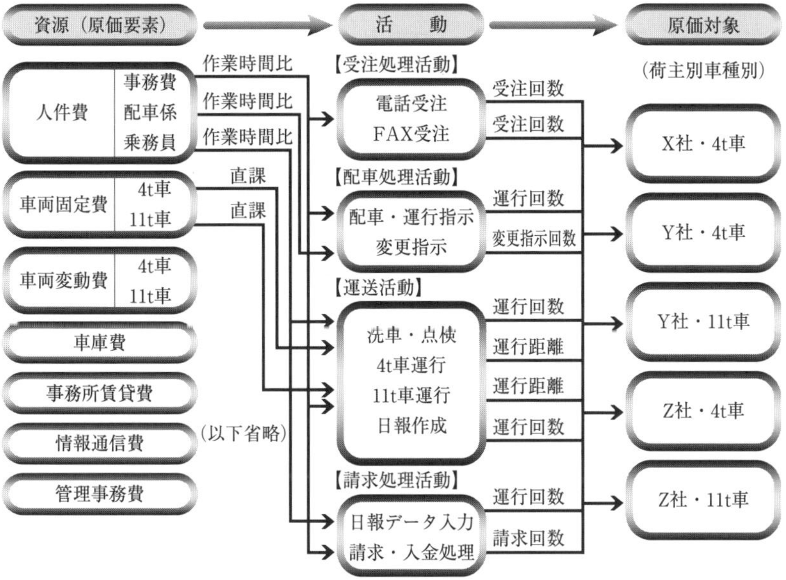

ト・ドライバーで荷主別車種別の原価を算出したのである。

　なお当初Ｃ社は，多頻度配送が原価に及ぼす影響を納入先別に把握したいと考えて，納入先別車種別の運送原価の測定を考えていた。しかし，納入先があまりに多いことや１回に複数の納入先に配送するためその原価配賦が複雑になることから，納入先別車種別の運送原価の測定を諦め，荷主別車種別の運送原価の測定をすることにした。ただしＣ社は，荷主である３つのメーカーごとの納入先やその配送条件が異なるため，荷主別車種別に運送原価が測定できれば，納入先の多頻度配送要求が原価に及ぼす傾向はつかめると判断していた。

(3)　ABC による計算結果と収益改善策

　ABC による荷主別車種別の原価計算結果は図表 4 - 11 のようになった。走行キロ当たり原価で比較してみると，同じ４ｔ車でも荷主によって 16％ から 28％ の格差がみられる。つまり，同じ車種を使ったとしても荷主の納入先の配送条件の差などが原価に反映されたことになる。この結果を踏まえて，Ｃ社では料金改定を含め以下のような物流改善案を打ち出した。

　(A)　運行回数が多頻度の配送の場合と少ない頻度の配送の場合とで，配送キロ当たりのサービス料金に格差をつける。これは，活動原価の多くは運行回数

図表 4 - 11　ABC による荷主別車種別原価と走行キロ当たり原価

荷　主	車　種	原　価	走行キロ	走行キロ当たり原価
X社	4t車	3,012千円	12,872km	234円
Y社	4t車	5,210千円	20,213km	258円
	11t車	4,002千円	25,012km	160円
Z社	4t車	2,062千円	10,250km	201円
	11t車	6,103千円	33,509km	182円
合　計		20,389千円	101,856km	200円

に比例するため，この１回ごとの運行にかかる手間を料金に反映するという考え方である。

　(B)　変更指示の内容を調査した結果，翌日以降の配送予定を当日に変更するケースが少なからずみられる。このような日程変更は配車計画全体の見直しを余儀なくされ多くの手間が発生するため，特急料金として多少割高な料金を設定する。これには荷主の配送日程変更の頻発化を抑える意味も込められている。

　(C)　人手に頼っている配車処理をシステム化して効率化を進めることと，運転手が携帯端末に運行状況を簡単に入れられるシステムの導入を検討する。

　ABC モデルは，TCM の原価のとらえ方から，非常に多様なサービスや製品のコスト計算に対応できるだけの柔軟性をもっているといえるだろう。この意味で，ABC は，原価計算に新たな可能性を拓いているといえる。

4　業績測定のモデル

　経営者からみれば，コスト・モデルは，遠く離れた製造現場で何がどのように行われているかの状況を判断するうえで重要な財務情報である。また，販売部門や各営業所では，日々刻々，製品あるいは商品が顧客に引き取られている。この売上情報とそれにかかったさまざまな営業費の大きさも，製造と同じように重要である。もちろん，財務情報だけで現場の状況を推測するのは危険であり，それ以外にも生産性の情報や販促活動の状況，他社の営業状況などの情報が自分たちの市場での状況を判断するのに必要である。これ

らをもとに，経営者は新たな戦略とそのための方策を立てることになる。経営者からみると，コスト情報や売上高情報はどのように分類されるのだろうか。経営者の与えられたミッションの１つが企業価値の最大化であるとすれば，企業にとって生み出された純余剰（売上高からすべてのコストを差し引く）の増大に大きな関心と利害を有することは間違いない。しかし，そのために利益極大化をすればいいのかといえば，必ずしもそうでない。その提供されるトータルなコストを上回る経済的成果を株主およびその他の利害関係者に配分するために，継続的で安定的な成長を遂げる必要がある。すなわち，経営者による投下資本（株主資本）に対する利益目標の設定にあわせた，合理的な財務計画を実際に実現させていくことが求められる。もっとも，実際に計画を立てそれを実現するためには，全社的な財務目標を分解して，事業別あるいはセグメント別に個別の収益，原価，費用，資産構成，資本負債比率の状態，あるいはサブ利益目標などを展開することが必要である。また，それを実現する手段や財務目標に代わる非財務的な目標がしばしば必要になる。それらは非財務的業績測定目標と呼ばれている。

最近の研究（キャプラン，ノートン [1997]）では，バランスト・スコアカード（balanced scorecard——詳しい考察は，第６章で取り上げることにする）と呼ばれる，複数の業績基準を経営者の業績目標として設定することが議論されている。それには，たとえば，次のような４つの要素が含まれている。①財務収益性目標，②顧客満足目標，③内部効率性目標，④革新性（innovation）と成長の目標。

これは，企業活動には短期的な成果を得る行動と長期的な結果をもたらす行動とのバランスが必要であり，また組織内部の効率化に必要な行動と組織環境への適応行動とのバランスが重要であるとの認識から，行動のターゲットとしての指標とその結果の測定指標への必要性が主張されたといえる。ここでは，この問題に深くは触れないが，収益性目標の分解を考慮するためにも，他の目標のサブ目標との関係が常に問題になることに注意しなければならないことが示唆されているといえるだろう。

そこで，財務目標としての収益性目標に話を戻すと，経営者は次のようなステップをとることで，目標の分解を行うであろう（Horngren, Foster and

Dater［1997］pp. 932-933)。

(1) トップ経営者の財務目標を表す変数の選択——営業利益，純利益，資産利益率，自己資本利益率など

(2) 第1ステップで選択した目標の具体的な定義

(3) 第1ステップで選択した目標の測定方法の選択——たとえば，資産利益率であれば，資産は，総資産か，純資産（資産－負債）か，正味運転資産＋固定資産か，あるいは，経営資産（総資産－遊休・建設資産）か

(4) 実際の業績と対比されるべき目標水準の選択

(5) 結果を経営者に伝達するタイミングの選択

　すでにコスト・モデルでも論じたとおり，コスト測定の方法においても2つの基本的な考え方がある。1つは，短期的な資金の動きに注目した資金効率を重視した原価測定である。これは，スループット会計あるいは直接原価計算により，短期的な行動と成果とのバランスを明らかにする。ここでは，短期的な最適化の積み重ねが長期的な成功へのキーであることがある程度仮定されている。また，もう少しよく考えると，すでにABCの議論で述べたように，戦略的な視点からのコスト分析の枠組みのなかで，オペーレションを最大効率化させるための論理であることがわかる。そして，もう一方の戦略は，中・長期的な努力と成果の対応を念頭においたモデルで決定の妥当性が検証される。これには，伝統的な全部原価計算によるものと，ABC計算によるものとがある。しかし，全部原価計算では，戦略で意図した中・長期的な努力と成果の対応をはかるための理論としては，あまりにその計算構造は生産に特化し，開発活動，マーケティング活動，カスタマー・サービス活動などへの資源消費と成果とに対応していないのである。

　管理会計の最近の動きは，株主価値の最大化に寄与するキャッシュフローの正味現在価値を大きくすることにつながる経営業績に注目している。これは，経営環境がより流動的であること，ビジネス・サイクルが短くなっていること，企業評価において資本市場からの影響（資本コストへの影響）が非常に強まっていることなどにより，コスト・パフォーマンスだけでなく事業リスクと事業成果を対応させるための仕組みが求められるようになっており，管理会計の大きな進歩である。また，欧米における企業会計は，すでにこの

企業価値あるいはコーポレイト・ガバナンスの視点から，誰が企業の持ち主であるかという原則を基礎にした統治原理の確立こそが企業経営のモラル・ハザードを少なくし，企業行動の合理性を経営者に促す仕組みであると解釈するようになっている。換言すれば，ファイナンス理論の考え方に強く影響された企業観を基礎においているとみるべきであろう。

そこで，企業の財務目標についてみると，しばしば以下の5つの目標が取り上げられている。このうち，最近のファイナンス理論の影響を強く受けたものに，経済的利益目標（しばしば，EVA もしくは SVA と呼ばれている）がある。これは，管理会計で古くから RI（residual income：残余利益）法として論じられてきたものに，より理論的な基礎を与えるものである。以下では，それらの特徴について，計算例に基づき説明しよう。

(1) ROI（return on investment）法

(2) RI（residual income：残余利益）法

(3) 期間利益（period profit）法

(4) EVA（economic value added）法

(5) 売上高利益率（return on sales）法

● 事例 ❺　A ホテルの年次財務データ

	東　京	大　阪	博　多	合　計
ホテル収入	1,200,000	1,400,000	3,185,000	5,785,000
ホテル変動費	310,000	375,000	995,000	1,680,000
ホテル固定費	650,000	725,000	1,680,000	3,055,000
ホテル営業利益	240,000	300,000	510,000	1,050,000
長期負債の利子（10%）	——	——	——	450,000
税引前利益	——	——	——	600,000
法人税（30%）	——	——	——	180,000
純利益	——	——	——	420,000
当該年度の平均帳簿価格				
流動資産	400,000	500,000	600,000	1,500,000
固定資産	600,000	1,500,000	2,400,000	4,500,000
総資産額	1,000,000	2,000,000	3,000,000	6,000,000
流動負債	50,000	150,000	300,000	500,000
固定負債	——	——	——	4,500,000
自己資本	——	——	——	1,000,000
合　計	——	——	——	6,000,000

ROI 法は，会計利益を投資額で割ったものである。これには，その分母をさらにどうみるかにより，前述した経営資本，総資本，正味経営資本（正味運転資産＋固定資産）などがあることから，経営者はいずれに注目したいのかにより，その利用されるものは異なるといえる。しかし，経営者が投下資本全体の効率性を問題にするのであれば，総資本が選ばれることになろう。

$$\text{ROI} = \frac{純利益}{総投資額} = \frac{純売上高}{総投資額} \times \frac{純利益}{純売上高}$$

事例 ❺ を利用すると，3つの地域にあるホテルの ROI は次のとおりになる。

ホテル名	営業利益	÷	総資産	＝ROI
東 京	240,000		1,000,000	24%
大 阪	300,000		2,000,000	15
博 多	510,000		3,000,000	17

RI 法は，純利益から投資資産の要求利益を控除したものである。すなわち，残余利益＝純利益－（要求利益率×投資額）である。この要求利益率（required rate of return）に投資額を掛けたものは，投資の計算上のコスト（imputed cost of investment）とも呼ばれる。これは，第3章でも論じたとおり，会計計算から求められるものではなく，平均的な外部の同じリスク率の投資機会と比較して必要とされる要求利益率（あるいは資本コスト）と理解すべきものである。もし，ホテル業における平均要求利益率が12%とすると，RI はそれを控除したものとなる。

ホテル名	営業利益	－	要求利益率×総資産＝	残余利益
東 京	240,000		12%×1,000,000	120,000
大 阪	300,000		12%×2,000,000	60,000
博 多	510,000		12%×3,000,000	150,000

期間利益法は，ある一定期間（多くの場合は1会計年度，それをさらに月別に分ける）での獲得利益額をもとにするものである。しかし，この目標は，前月成績，前年度成績としての比較により，目標としての性格が強まるものである。

EVA 法は，スターン・スチュアート社の考案したもので，むしろここでは一般化のために，超過利益法と呼ぶことにしよう。それは，かつて会計研

究者の多くから残余利益法と呼ばれていたものと類似しており，1970 年代に GE（General Electric）社により利用されていたものである。それは，税引後の営業利益から総資産に対する資本コストを控除したものである。

$$超過利益法＝\dfrac{税引後}{営業利益}-\left[\dfrac{加重平均}{資本コスト}×（総資産額－流動負債）\right]$$

この超過利益法の特徴を残余利益法と比較すると，次のようなものが上げられる。① 純利益の代わりに税引後営業利益を利用している。② 必要利益率の代わりにファイナンスに基礎をおく加重平均資本コスト率を利用する。③ 総投下資本の代わりに「正味運転資産＋固定資産」を利用している。この方法の大きな特徴は，加重平均資本コストを利用する点にある。これは，すべての長期的投下された資本の税引後資本コスト額を表しており，それは2 つの部分から構成される。1 つは，市場から調達された負債資本に関するコストである。もう 1 つは，自己資本に対する市場で評価された企業リスク率を掛けて計算されたものである。

ホテル名	税引後営業利益－（加重平均資本コスト×（総資産－流動負債））＝経済的利益	
東　京	240,000×0.7　－（10.2％×（1,000,000－50,000））	＝71,100
大　阪	300,000×0.7　－（10.2％×（2,000,000－150,000））	＝21,300
博　多	510,000×0.7　－（10.2％×（3,000,000－300,000））	＝81,600

最後の売上高利益率（ROS）は，営業利益を売上高で割ったものである。この営業利益は，しばしば，日本企業において利用されている。その理由は，販売額から売上原価を引いた売上マージンとの相関が高く，売上マージンの最大化にそった行動を管理者に動機づけること，さらに計算が容易なことなどが上げられている。さらに，製造業では，原価企画実施のために個別製品のマージン目標（価格－単位売上原価）に展開しやすいことも寄与しているようである。

ホテル名	営業利益	÷	売上高	＝ROS
東　京	240,000		1,200,000	20.0％
大　阪	300,000		1,400,000	21.4％
博　多	510,000		3,185,000	16.0％

以上の 5 つの目標にそって，3 つのホテルの順位をみると，次のような順位が指摘できる。RI 法と超過利益法が非常によく似た結果を示している。

ROI，ROS それに期間利益の間には，それぞれ異なる順位が示されている。それではどのモデルが最もいいのだろうか。答えは，2 つに分かれる。1 つは，誰のための経営であるのかという視点からの順位づけである。もし，株主から委託された財産を基礎にして，株主価値を大きくすることが経営者の最大のミッションであるとすれば，EVA あるいは RI による目標をもって経営することが合理的であり，それに従った順位づけとなろう。2 つめは，それぞれの事業の経営者のとらえる戦略という視点からのものである。たとえ経営者が株主価値の最大化，あるいはもう少し視点を広げて企業価値の最大化を前提にしても，その実現の経路は 1 つではない。それは，経営者の戦略的判断に依存するというのが正しいであろう。たとえば，非常に競争がタイトで，新規市場が制限されているような場合は，マーケットシェア競争に勝つことが当面は重要であり，ROS が重視されよう。

各指標による順位

ホテル	ROI（順位）	期間利益（順位）	RI（順位）	経済的利益（順位）	ROS（順位）
東京	24%（1）	240,000（3）	120,000（2）	71,100（2）	20.0%（2）
大阪	15　（3）	300,000（2）	60,000（3）	21,300（3）	21.4　（1）
博多	17　（2）	510,000（1）	150,000（1）	81,600（1）	16.0　（3）

　競争機会が，新しい市場の開拓や他社の買収，あるいは事業の清算と転換を伴うダイナミックな要素を必要とする場合には，投資効率としての事業収益だけでなく，事業リスクおよび経営者のマネジメントの大きな対象である投資のための資金調達方法による資本コストも重要であり，それと利益の関連をみながら経営するということである。したがって，企業の資本コストが，それぞれの事業別の資本・負債構成とその事業のもつリスクにより影響を受けることから，事業に応じた資本コストにより目標設定をせざるをえないといえよう。すなわち，RI や超過利益法が要求されてくることになる。そのようなことから，資本市場を意識して株主価値を考えるときには，それを具体的に展開する方法論として超過利益法が大きな意義をもってきていることに注意する必要があるであろう。この例では各地域のホテルについて業績目標を議論してきたが，管理会計では，全社的な目標のほかに各事業所や部門を利益創出単位とみて，これらを束ねる経営目標としての財務目標について，経営者と株主の関係がより重要になっている。すなわち，経営者は，株式市

場において企業がどのように評価されているのか，その評価が何に拠るのか，について関心をもたざるをえない。ここでの議論の前提としては，1株当たりの企業価値（あるいは株主価値）を継続的に大きくすることが，経営者に課せられた課題であると仮定されよう。そのような考え方を指標化すると，株主資本利益率（ROE：return on equity）ということになろう。

〈参考文献〉

Hicks, D. T. [1992] *Activity-Based Costing for Small and Mid-Sized Businesses,* Wiley-Son.

Cokins, G. [1996] *Activity-Based Cost Management : Making it Works,* Irwin Professional Pub.

Horngren, C. T., G. Foster and S. M. Dater [1997] *Cost Accounting : Managerial Emphasis,* 9th edition, Prentice-Hall.

Kaplan, R. S. and A. A. Atkinson [1998] *Advanced Management Accounting,* 3rd edition, Prentice-Hall.

Horngren, C. T., G. Foster and S. M. Dater [2000] *Cost Accounting : Managerial Emphasis,* 10th edition, Prentice-Hall.

小林哲夫 [1991]『原価計算：理論と計算例』改訂2版，中央経済社。

安部彰一 [1995]「ABC/ABM の導入による本社費の配賦と管理」『企業会計』第50巻3号。

クーパー，R. ほか（KPMG ピートマーウイック，KPMG センチュリー監査法人訳）[1995]『ABC マネジメント革命』日本経済新聞社。

キャプラン，R. S.，D. ノートン（吉川武男訳）[1997]『バランス・スコアカード』生産性出版。

浅田孝幸・賴 誠・鈴木研一・中川優 [1998]『管理会計・入門』有斐閣。

キャプラン，R. S.，R. クーパー（櫻井通晴訳）[1998]『コスト戦略と業績管理の統合システム』ダイヤモンド社。

櫻井通晴 [1998]『間接費の管理』新版，中央経済社。

西村慶一・鳥邊晋司 [2000]『企業価値創造経営』中央経済社。

戦略会計の基礎

第 **Ⅱ** 部

第5章 経済的利益モデルと キャッシュフロー・モデル

1 経済的利益モデルの特徴と意義

　経済的利益（超過利益とも呼ばれている）の一種である EVA（economic value added，スターン・スチュアート社の登録商標）に関するものが，企業評価として注目を集めている。第4章で述べたとおり，経済的利益は RI（residual income：残余利益）によく似た特徴をもち，投資案の評価において，自社の資本コストを上回るかぎり投資案の採択を事業部長などに促すという点で，ROI（return on investment：投下資本利益率）を利用した場合の問題点（資本投資の部分最適問題）を回避できるといった大きな利点をもっている。この経済的利益の意義を要約すると，次のようになる。

(1)　より正確に企業の株価を説明する。なぜなら，このことは将来の営業キャッシュフローの正味現在価値を代理するからである。すなわち，企業のリスク調整済み市場利子率を上回るだけの残余利益を表示している。

(2)　製造業の本来の活動を資本市場のコストを利用して，超過収益力として評価しようとすることにある。それによって企業の競争力を明らかにすることになる。

(3)　分権組織を前提にしたとき，各事業部長の投資権限をフリー・キャッシュフローの範囲であらかじめ評価し委譲する基準となる。

(4)　キャッシュフロー計算による投資収益率の考え方を利用したもので，経済的利益は割引キャッシュフロー・モデルと同じ理論に則っている。

なお，割引キャッシュフロー計算のためのフリー・キャッシュフローは，現金の流出を伴わない費用発生高（減価償却費など）を加算した税引後営業利益から投下資本の増加分を控除したものである。投下資本にかかる資本費用の現在割引価値は投下資本と等しくなるために，(4-2)式のように，FCFモデルによる企業価値は経済的利益モデルと同じ結論になる（白木・加藤［1997］20ページ）。

$$V = \sum_{t=1}^{\infty} \frac{FCF_t}{(1+r_W)^t} \tag{4-1}$$

$$= \sum_{t=1}^{\infty} \frac{NOPAT_t - I_t}{(1+r_W)^t}$$

$$= CP_1 + \sum_{t=1}^{\infty} \frac{EVA_t}{(1+r_W)^t} \tag{4-2}$$

　　　V：企業価値，r_W：加重平均資本コスト（WACC），$NOPAT$：
　　　税引後営業利益，I：投下資本増加額，CP：期首の投下資本

　なお，企業価値*は将来もたらされるであろう期待キャッシュフローの割引現在価値であり，EVAの現在割引価値と期初投資額の合計で企業価値は表現されることを示している。なお，ここでいう企業価値は，第3章で考察した $V = S + B$（ただし，V は企業価値，S は資産価値，B は負債価値で，いずれも時価）の式で表現される。この(4-1)式と(4-2)式より，フリー・キャッシュフローの現在価値は期初の投資額とEVAの現在価値に等しいことから，V はEVAの増加により表されることになる（なお，(4-1)式から(4-2)式への展開は，白木・加藤［1997］21ページ）。なお，EVAとFCFモデルとの違いは，新規投資のキャッシュフローを含めて投下資本を各期の資本費用として分割して認識することにある。このEVAモデルは，この経済効果の視点からFCFを期間按分しており，その結果，期間業績の測定に適した指標として展開できるところに最大の意義があるといえる。

　　　$EVA = NOPAT - CP \times r_W$

　　　　　$= (r - r_W) \times CP$

　　　r は，投下資本利益率（return on invested capital）

　　*　白木・加藤［1997］によれば，(4-2)式はMM理論の企業価値の(A)式に同値である。EVA理論によると，(A)式の右辺の第2項は，t 期のEVAの

増加分である $I_t \times (r-r_w)$ を r_w で割ることで，t 期での永久キャッシュフローの価値を求めることになる。さらに，$(1+r_w)^t$ で割ることで，現在価値を求めることに等しい。つまり，第2項は，将来の EVA 増加額の累積額の現在価値に等しくなる。

$$\text{企業価値 } V = \frac{NOPAT}{r_w} + \sum I_t \times \frac{(r-r_w)}{r_w \times (1+r_w)^t} \tag{A}$$

r_w は加重平均資本コスト，r は投下資本利益率

これをもとに，スターン・スチュアート社は，T 期には FCF および EVA の成長が止まるケースでの企業価値モデルとして次の (B) 式を紹介している。この T 期は，投下資本利益率 r が加重平均資本コスト r_w を上回る期間であり，競争優位期間とも呼ばれる。(B) 式は，投下資本成長率が加重平均資本コストと等しいことを前提にした概算式である（白木・加藤 [1997]）。

$$V = \frac{NOPAT}{r_w} + \frac{I \times (r-r_w)}{r_w \times (1+r_w)} \tag{B}$$

この $(r-r_w)$ は，EVA スプレッド（経済的利益率）として表されるので，企業間の比較が可能である。また，CP は期初投資額であるので，簿価（時価でなく，会計上計算された貸借対照表価値）をベースに算定可能である。この EVA スプレッドは，投下資本利益率から資本コストを引くので，事業でのリスクの違いを評価に利用できることになる点も重要である。

この EVA と MVA（市場的付加価値）とは，次の (4-3) 式の関係が成立する。すなわち MVA は，将来キャッシュフローの現在価値から投下資本を引いたものと定義される。

$$MVA = V - CP_1$$
$$= \sum_{t=1}^{\infty} \frac{EVA_t}{(1+r_w)^t} \tag{4-3}$$

なお，MVA は，市場が完全であれば，株式時価総額から簿価の株主資本を引いたものと等しい（Ross, Westerfield and Jaffe [1996] Cap. 14）。したがって，株主資本簿価と MVA の合計を株式時価総額で割ると求められる PBR（price book ratio）は EVA の現在価値で決定される（白木・加藤 [1997] 23 ページ）。

この EVA のさらに優れた点は，ROE（return on equity：株主資本利益率）ではリスクの大きさや資本コストの影響を反映しないという欠点があり，ま

た営業成果としての営業利益と財務成果としての財務収支などが混在しているなどの欠点をもつが，経済的利益モデルでは，第3章で詳論した加重平均資本コストの導入などにより，この問題をクリアしていることである（白木・加藤 [1997] 21 ページ）。しかも，すでに上述したとおり，ROE は経営目標にすると ROI と同じで，高水準の投資利益率を誇る場合には，事業責任者はたとえ資本コストを超えるプロジェクトでも ROE の低下になるような投資機会を逃すという問題が起こる可能性がある。この問題を解消しうる条件も経済的利益モデルは満たしていることになる。

(5) 不採算事業からの撤退を含めた既存事業における投下資本利益率の改善につながる。

(6) 財務自由度を失わない程度までの負債活用による加重平均資本コストの引下げを考慮しうる。もちろん，株主資本コストと負債の資本コストは，いずれも資本市場で決まるので，企業にとって決定しうるのは資本・負債比率である。もっとも，すでに第3章で考察したとおり，税金が存在する場合にはタックスシールドの効果により加重資本コストは影響を受けるので，税率の問題も国際的な活動の場合には大きな関係をもっていることになる。さらに，大きな意義としてあげられるのは，報酬制度との連動である。

(7) 企業価値（V）から投下資本を控除したものが MVA であり，これは経済的利益の正味現在価値と等しい。すなわち，毎期の経済的利益は付加価値であり，業績の目標設定と評価を経済的利益の実績に連動させることで報酬につなげることは，株主価値に経営者の行動をリンクさせることが可能であることを示すことになる。

2 キャッシュフロー・モデルとの関係

経済的利益を求めるために，営業利益をキャッシュフロー・ベースに直すことが必要である。公表されている貸借対照表および損益計算書からこの計算を行うには，いくつかの追加的な情報が必要である。それを分類すると，以下のような3点があげられる。

投下資本は持分側（貸借対照表の右側）で明らかにしたものであるが，これは株主資本と有利子負債と固定負債から構成される。次に，主な変更点をあげると，減額項目，増額項目など7項目があがっている。さらに，営業利益の修正項目として次のものがあがっており（白木・加藤［1997］23ページ），経済的利益は税引後営業利益であるが，アメリカでのSEC基準で作成されるForm-10Kでいう営業利益であり，受取配当金も含まれている（田中［2001］28ページ）。

(1)　投下資本（貸方ベースの表記）

　　　投下資本＝総資本－利子負担のない流動性負債
　　　　　　　＝株主資本＋有利子の短期債務＋固定負債

(2)　投下資本の主な変更項目

①　減額項目：有価証券（一時所有で投資目的としないもの）と建設仮勘定を負債金額から減らす

②　増額項目：＋B/S未計上のリースの現在価値

③　増額項目：＋引当金勘定

④　増額項目：後入先出法による棚卸資産勘定の減少効果

⑤　資本増額項目：のれん代の累積償却額

⑥　資本増額項目：研究開発費や新製品のマーケティング費用などの経済効果が多年度にわたるものの費用の現在価値

⑦　増額項目：税引後の特別損失（減額：利益なら控除）

(3)　税引後の営業利益

営業利益の主な修正項目

①　リース料ならびに投下資本のうちで変更項目③～⑥の増減額

②　研究開発費など資本還元項目のP/L費用計上額

③　営業収支に関する税額（税金は，営業利益に対応させるための利払節税効果を戻し入れ，さらに現金収支がベースのため税効果会計を採用している場合には，繰延税金を控除する）

　以上のように，変更ならびに修正は容易でない。さらに，白木によれば，日本企業でのEVAの適用の課題として，「経営実態面では，金融資産の取り扱いが主な問題となる。わが国の企業は多額の現預金や長短の有価証券を

保有するため，金融資産の取り扱いいかんでEVA計測値がかなり変化する」，「営業活動の成果を測定するEVAモデルの原則を額面通り解釈すれば，EVAの計算では，投下資本から金融資産を除外すべきである」（白木・加藤［1997］25ページ）。よって企業価値は，企業価値＝EVAモデルの評価額＋金融資産などと表されるが，「しかし，関連会社への投融資はもちろん，株式の持合などは決して営業と無関係に行われたわけでない」（同上）。このほかに，年金の評価なども課題であるとされている。

　そのほかに，後入先出法による利益留保額やリース資産の扱い，R＆Dの費用化の問題などもある。

　いずれにしても，そのような調整を経て計算上求めることができることから，日本では簡便なかたちでEVAを利用する動きがある。ここでは，理論的な考察もさることながら，このような実務的な内容について，事例を通じてその特徴と限界を検討してみよう。

3　経済的利益モデルの活用

　実際に日本企業では，経済的利益あるいは超過利益に近い方式を利用している企業は，1999年11月の時点でみてもかなりの数にのぼる。たとえば，図表5‒1のような企業があがっている。

　そのうち，日本的な簡便法を採用しているHOYAと花王について，簡単に触れることにする。

3.1　HOYAのケース

（1）導入の内容

　基本的な考え方は，連結企業価値（SVA）とカンパニーおよび事業子会社の事業価値（DVA）とが一致することを前提にしている。もう1つは，企業経営の具体的な意思決定指標として使える尺度ということである。

　その連結企業価値はSVAと呼ばれており，スターン・スチュアート社のEVAと決定的に違うのは，すべての資本コストを計算する基礎に簿価での総資産をおくことである。また，事業別に異なる事業リスクを反映する加重

図表5-1　経済的利益モデルの採用企業例

会社名	導　入	内　容
HOYA	1998年4月	EVA を HOYA 方式に改良（SVA：連結企業価値）。事業部の評価に導入
花　王	1999年4月	スターン・スチュアート社とコンサルティング契約。事業単位で EVA を計算。EVA を賞与に連動させる 2000 年度に，海外法人の幹部クラスのボーナス（変動と固定部分）のうち変動分について，EVA の成果に連動（ボーナスの40%程度）させる
松下電工	1998年12月	松下電工式に改良した EVA を事業部の業績評価に組み込む。総合業績評価の5%
TDK	1999年4月 2001年3月（EVAに報奨制度を連動）	独自改良した EVA を約20 の事業部ごとに計算。約20 種の業績評価指標のひとつ
松下電器	1999年4月	EVA を松下電器方式に改良（CCM：capital cost management）。14 の分社ごとに算出して事業部門の業績評価に組み込む
ソニー	2000年10月	スターン・スチュアート社とコンサルティング契約。カンパニーの業績指標として導入
リコー	2000年10月	リコー式にアレンジした EVA。2000 年から事業単位ごとに展開
TOTO	2000年4月	EVA に似た独自の業績指標を開発。13 事業部の業績評価に利用。事業部担当役員の報酬に指標の改善度を反映させる
オリンパス	2001年4月	カンパニー制（医療・映像・産業システムの3 カンパニー）と連動して EVA を導入

（出所）　小倉［2000］14 ページ。

平均資本コストを使用しないで，事業全体の平均資本コストを，すべてのカンパニーの SVA の計算に適用している。この SVA は 1998 年4 月から導入され，水野によれば，「導入からわずか2 年半で，企業行動を決定する最大の指標となっている」そうである。現在では各事業部門の合理化，増産投資，M＆A，新事業参入の計画書や，四半期ごとの予算書を本社に提出するときに，SVA の見通しを盛り込むことが義務づけされている」（水野［2001］）。

$$SVA = ATA \times (ROA - WACA)$$

　　　　ただし　ATA（average total assets）は，期首と期末との平均総資産額（簿価）

　　　　　　　　ROA（return on assets）は，税引後事業利益（営業利益

と金融純収益から税金を引いたもの）を期首・期末平均
総資産額で割ったもの

WACA（加重平均総資産コスト：weighted average cost of
assets）は，税引後有利子負債コスト額と株主資本コ
スト額を期首・期末平均総資産額で割ったもの

株主資本コスト額は，株主資本×投資期待収益率

投資期待収益率は，金利（長期債利回り）＋リスク・プ
レミアム

SVA の評価

SVA＞0：企業価値の増大（すべてのステイクホルダーの利害を満足さ
せた後の増分価値）

SVA＝0：企業価値不変（株主は期待リターンのみ回収）

SVA＜0：企業価値の破壊（株主は期待リターンを回収できず）

(2)　カンパニーと事業子会社の事業価値

$$DVA = DATA \times (ROA - WACA)$$

ただし　DVA は，カンパニー価値

$DATA$ は，カンパニーの期首・期末平均総資産（簿価）

ROA は，資産利益率（前述のものと同様）

$WACA$ は，加重平均総資産コスト

グローバル本社は，カンパニーと事業子会社に対して株主の立場で期待収
益率をハードル・レートとして要求する。ハードル・レートの基本原則は，
ハイリスクの場合はハイリターンである。

(3)　HOYA の組織

HOYA の組織は図表5‑2のようになっており，グローバル本社はカンパ
ニーおよび事業子会社の株主の位置にあり，SVA を利用して各カンパニー
の事業価値を評価し，事業部門に事業リスクに応じた評価方式を課している。
基本的な投融資は，事業から生み出されているキャッシュフローの範囲で，
投資権限がカンパニー長に委譲されている仕組みが採用されている。本社の
一部であるエリア別本社は海外事業の持株会社であり，エリア別の営業も担
当する。また，事業会社の活動をエリア別に評価する本社機構の一部である。

図表5-2 HOYAのマトリックス機構とカンパニー制

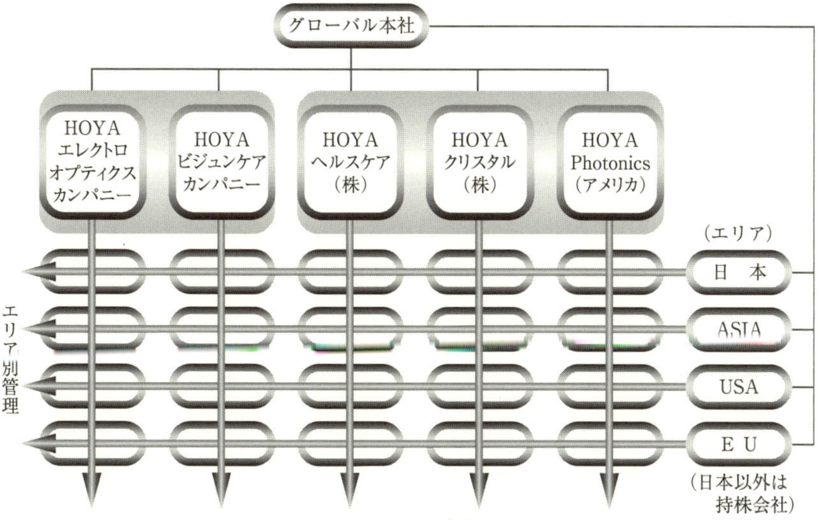

（注） 各事業カンパニーは単独で事業責任をもち，グローバルに事業部門の販売・生産・収益・投資・技術開発・ノウハウの移転を行っている。
（出所） HOYAの資料（1997年）から。

(4) 業績評価

超過利益をHOYA方式に改良したねらいは，従業員への資本効率経営への動機づけにある。そのために，HOYAにおいても，IR活動の一環として，株主価値と従業員の業績評価との関係を意識した利用が進められている。その1つが，各カンパニー長のボーナスへの超過利益目標達成との関係づけである*。具体的な仕組みは定かでないが，これは次の花王の試みでも指摘されているので，そこで仕組みの一端をみることにする。さらに，カンパニーと従来の事業部制との違いについては，第8章で考察することにしよう。

* 田中［2001］によれば，ソニーでは5つのグループ別に異なる基準で，EVAの改善ターゲットの達成度が評価されている（32ページ）。そのグループは，カンパニー，販売会社，製造会社，国内関係会社，エンタテイメント会社である。たとえば，カンパニーでは，定量的評価のなかで，40点を経済的利益尺度の改善ターゲット達成度で評価する。さらに，製造・販売のビジネスユ

ニットでは，経済的利益は業績尺度として利用されるだけでなく，製品カテゴリー別の業績評価や投資プロジェクトの評価にも利用される。

3.2 花王のケース

(1) 導　　入

花王では，1997年にEVAをアメリカの花王子会社で導入し，業績回復に寄与したことが，本社への導入の重要な契機であったとされている。その導入における特徴は，調整項目として日本流の簡便さと理解容易性を満たした適用であり，従業員の報酬とEVAの成果を関連づけることで，彼らの業績へのコミットメントと効率性目標の妥当性とをあわせもっているようである。

(2) 計　算　方　式

そこで計算式は，次のようになる。

> 経済的利益＝税引前営業利益＋(事業撤退などに起因する特別損益＋買収のれん代の償却の繰入れ〔連結調整勘定〕＋買入商標権償却の繰入れ＋貸倒引当金の増加額－営業利益に対するキャッシュフロー・ベースの税金)－資本コスト率×(総資産－流動負債)

一般的に論議されているEVAとの差異としては，研究開発費の調整を行っていないことが指摘できる。その理由は，毎年一定額発生するので，繰延べの必要性がないことにある。また，資本コスト率についても，事業リスクを反映した調整がなされていない (伊藤〔2001〕38ページ)。

(3) 報酬との連動

花王のEVA連動報酬制度 (伊藤〔2001〕39ページ) は，図表5-3に示すとおりである。このEVA連動報酬制度は，伊藤によれば，3つのパートから構成されている。① 職位 (職務) ごとに事前に決定された職務評価部分 (給与) に対応した部分，② 各自が事前に設定した職務目標に対する達成度によって決定される目標管理制度に基づく実績評価部分，③ 会社のEVAの改善度と連動するEVA改善度評価部分。

図表5-3のように管理職で報酬全体の10%を占めることから，上位にいくほどEVAと報酬との連動性が強くなっている。『日本経済新聞』(2000年

図表 5-3　花王の EVA 連動報酬制度

報酬の決定要素	評価基準	反映部分	報酬全体における比率		
			管理職	リーダー基幹層	担当層
会社の生み出した成果の配分	EVA の実績	会社業績賞与	10%	4%	2%
担当する職務（役割）をどの程度やり遂げたかによる格差	目標管理（MBO）による実績評価	個人業績賞与基本賞与			
ある職務（役割）を担うことにより決定する基本的報酬	職務（役割）評価	給与	相対的に小さな割合	両者の中間	相対的に大きな割合

図表 5-4　花王の報酬制度

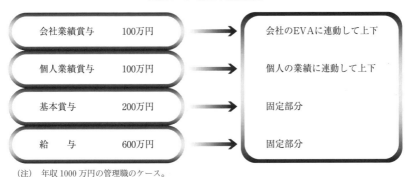

会社業績賞与	100万円	→	会社のEVAに連動して上下
個人業績賞与	100万円	→	個人の業績に連動して上下
基本賞与	200万円	→	固定部分
給　与	600万円	→	固定部分

（注）　年収 1000 万円の管理職のケース。
（出所）　『日本経済新聞』2000 年 6 月 9 日。

6 月 9 日）によれば，図表 5-4 のように，年収 1000 万円の部長で，EVA 連動部分が 100 万円であり，この部分は目標としての EVA を達成しないと基本的にはゼロである。しかも，毎期に EVA を 5% 向上することが経営目標として与えられるとされており，かなり厳しい目標設定といわざるをえないだろう。

(4)　課　　　題

伊藤［2001］（40 ページ）によれば，EVA を利用することは，その効果が高すぎる可能性を潜在的にもっていると指摘されている。その逆機能としては，長期と短期の意思決定のトレードオフの可能性がある。もう 1 つは，管理者の行動を短期志向にさせる可能性である。長期的な効果をねらった投資

決定が，短期的には業績の落ち込みを引き起こす可能性があることから，管理者はそのような計画を忌避する危険性が高いことになる。さらに，期間利益で評価されるために，どうしてもそれ以外の目標や戦略的な意思決定が回避される危険性が高くなる。もっともこの点は，RI 法でもいえることであり，EVA に限ったことではない。これは，絶対額で評価するために，資本コスト控除後の期間利益を増やすという点では，必ずしもこの指摘は重大でないと花王では理解されている。

4 コスト・モデルと経済的利益モデル

前述の指摘にもあったとおり，短期と長期の問題を区別することが大事である。管理会計においては，プロセス別の EVA 評価とキャッシュフローによる評価の区別である。もちろん，それ以外にも非財務的な評価方法が検討されるべきである。

トレンドとしてみれば，EVA もキャッシュフロー会計の流れの一部である。将来期待される収益の割引価値，あるいは資本コストを反映している。しかし，EVA は単なるキャッシュフローではないし，あるいは FCF でもない。継続することで価値を創造すると予想される案件または事業を継続することを評価するものという点では，比較的スパンを長くとった業績測定方式であると思われる。

この EVA 評価方式は，基本計算方法としてプロセス別の ABC（活動基準原価計算）と関連すると思われる。その理由は，因果関係の正確な把握により，割引現在価値に近似する収益と費用とが正確に対応するからである。むしろ，キャッシュフロー計算は，スループット会計と関連するだろう。その理由は，スループットという考え方が，原価の凝着性というコスト計算の基本的考え方を否定して，材料費のみをキャッシュアウトフローに対応する原価として費用とするからである。そのため，在庫として繰延べできるのは，将来の増分キャッシュフローに対応する材料費のみということになる。

経済的利益法により業績測定を行ううえでは，ABC を利用して，製品ラインあるいは事業別に正確な計算をすることが必要条件と考えられる。この

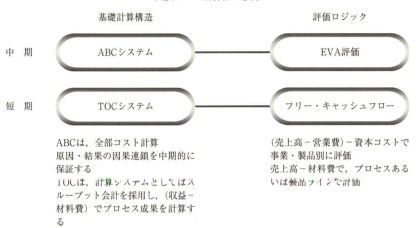

図表 5-5　計算値の意義

	基礎計算構造		評価ロジック
中　期	ABCシステム	—	EVA評価
短　期	TOCシステム	—	フリー・キャッシュフロー

ABCは，全部コスト計算
原因・結果の因果連鎖を中期的に
保証する
TOCは，計算システムとしてはス
ループット会計を採用し，（収益−
材料費）でプロセス成果を計算す
る

（売上高−営業費）−資本コストで
事業・製品別に評価
売上高−材料費で，プロセスある
いは製品ラインで評価

具体的なシステムを，次に検討することにしよう。

　業績測定方法の多様性は，単純な測定指標では十分に戦略と効果を測定で
きないことにある。また測定指標は，経営者あるいは企業のどの目標を現在
重視するかにより大きく変わる可能性がある。経営者が株主資本価値を重視
し，株価を重視すれば，おのずと EVA や超過的利益が目標として登場しよ
う。また，株式が企業間で相互持合いされ，企業でのキャッシュフローが経
営において大きな問題にならない場合には，期間利益の安定的な成長が重視
されることも 1 つの可能性としては考えられる。コスト・モデルも，制度会
計への情報提供が重視されているときは，期末の棚卸資産の評価を重視した
システムとして発展する。また，コスト・モデルが，短期利益計画に有用な
情報の提供を重視され，制度会計への適合がその枠組みのなかでの調整とな
れば，直接原価計算が基本的に利用されよう。

　製造現場における固定費の増加，さらには多品種少量生産の普及により伝
統的な制度会計にそった原価計算が不十分な情報しか製品原価について提供
しなくなれば，その代案として ABC が利用される。さらに，製造現場やロ
ジスティクスにおいて在庫が最小化されてくれば，スループット会計という
考え方が提唱されてくる。

　このように，コスト・モデルは，業績測定方法における動きとはある程度

は連動するが，それ固有の経営的な要求（たとえば，コスト・マネジメントとしての原価維持のためのコスト情報の提供，原価改善のためのコスト情報の提供）に応じても発展してきた経緯があるといえるだろう。

いずれにしても，このような流れにおいて複数のコスト計算モデルは，いずれのものが唯一最善というのでなく，本来は目的にあわせて柔軟な計算ができることが望ましいということになる。また，製造業やサービス業などの企業が市場に提供するサービスの形態やサービス内容に応じて，計算モデルは影響を受けよう。さらに，企業戦略，マネジメント・コントロール，オペレーショナル・コントロールの3つの区分により，計算モデルへの経営者の要求は異なるといえる。

コスト・モデルを分類するうえでは，たとえば，① 製品・サービスの原価を収益性の点から測定するための方法という視点，② 事業戦略を評価するための原価計算モデルの視点，それに，③ キャッシュフローの変動性に注目した原価計算モデルの視点，というように分類することができる。

製品・サービスの収益性を明らかにするには，すでに指摘したとおり，ABC の応用に注目する必要があるだろう。この場合の ABC は，キャプラン（R. S. Kaplan）によれば，さらに製品・サービスの時々の収益を評価して，生産・販売プロセスを市場に適応するために情報として利用することである。これは前章で考察した ABC を基礎にしていることになる。

事業戦略を評価するためのコスト・モデルは，ビジネス・プロセスをどう評価するかを計算上で表現しうるモデルを必要とする。同じく，企業（あるいは戦略的事業単位）の競争優位性を確立するための方法としてしばしば取り上げられる戦略的ポジショニング，すなわち企業あるいは事業の戦略上のミッションを明確にする必要がある。その場合には，① ポーター（M. E. Poter）が主張した2つの基本戦略である差別化戦略やコスト・リーダーシップ戦略による構造的な原価作用因（たとえば，規模の経済性の影響，JIT システムや TQC 活動によるコストの低減効果，原価企画活動による間接原価の継続的な低減など）を分析するための特別な計算方法を採用することが必要であろう。② もしくは，PPM（product portfolio management）により，事業単位を構築・刈り取り・撤退・保持などのミッションに分けて，そのミッ

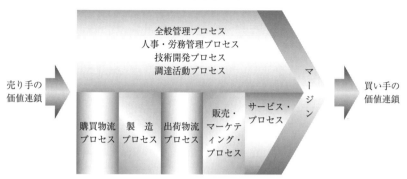

図表 5 - 6　事業部の価値連鎖

全般管理プロセス
人事・労務管理プロセス
技術開発プロセス
調達活動プロセス

売り手の
価値連鎖

購買物流
プロセス

製　造
プロセス

出荷物流
プロセス

販売・
マーケテ
ィング・
プロセス

サービス・
プロセス

マ
｜
ジ
ン

買い手の
価値連鎖

（出所）　M. E. ポーター（土岐坤・中辻萬治・小野寺武夫訳）［1985］『競争優位の戦略』ダイヤモンド社，
　　　　49ページを一部修正。

ションにあわせた戦略分析とコスト・マネジメントを展開することが求めら
れる。たとえば，差別化戦略（他社と比較して優れた品質・機能を実現する代
わりに，比較的高価格を要求する。その品質・機能を維持していることを内外に
明確にするために，しばしばブランド別に商品・サービスの差別化がなされる）
を採用する企業では，差別化を進める要因について詳細な検討がなされる必
要がある。それは差別化を進めるために必要なコストとその管理を必要とす
る。③　さらには，自社は業界におけるリーダーであるのか，フォロワーで
あるのか，チャレンジャーであるのか，それともニッチャーであるのか，と
いった位置づけの相違に注目して，それに必要な戦略と原価分析（シャンク，
ゴビンダラジャン［1995］）を考えることも議論されている。ここでは，競争
戦略の典型的な例として，事業単位の価値連鎖分析による基本戦略に対応す
るコスト分析を以下で例示する。この例からも，コスト・モデルの多様性が
示唆されているといえる。
　　図表 5 - 6 では，ある事業部の価値生成活動を支援活動と直接活動とに分
けている。支援（間接）活動は，価値を直接生み出す直接活動を支援する活
動をさし，その提供するサービスの特性から 4 つのタイプに区別されている。
ここでは，全般管理，人事・労務管理，技術開発，調達活動である。それら
は，部門や課といった責任単位からみれば複数の部・課を横断した活動から
なり，一連の同質的な活動の集合という点でプロセスを形成している。差別

図表5-7　従来の管理会計と戦略的管理会計でのコスト分析の視点

	従来の管理会計	戦略的コスト管理のパラダイム
コスト分析のために最も有用な要素	製品，顧客，機能の見地から社内に焦点 付加価値がカギ	企業の属している総合的価値連鎖の各段階の見地から社外に焦点 付加価値は視野が狭いために危険
コスト分析の目的	戦略性に関係なく以下の3つの目標を適用 ① 成果の維持 ② 問題解決 ③ 注意喚起	コスト・リーダーシップ戦略をとるにせよ，差別化戦略をとるにせよ，基本的戦略ポジショニングによってコスト管理システムの中身は大幅に異なる
コスト・ビヘイビアーはどうとらえるのがよいか	コストは生産量の関数である	コストは競争戦略と戦略実施管理能力の関数である

(注)　ここで，基本的戦略ポジショニングとは，3つの基本戦略のいずれを，その事業あるいはSBUが採用しているのかということである。3つの基本戦略は，コスト・リーダーシップ戦略，差別化戦略，集中戦略である。なお，コスト・リーダーシップ戦略では，製造コスト効率の向上が重視される。それは，他社と同じ程度の品質の商品をより低価格で，すべてのセグメントされた市場に提供すべき戦略だからである。一方で，差別化戦略では，マーケティング・コスト分析が重要である。なぜなら，商品の企画・ブランド，広告・宣伝などのイメージ・品質に関するコストの効率性が，すべてのセグメントで重要視されるからである。なお，集中戦略とは特定の市場セグメントで，コスト・リーダーシップ戦略か差別化戦略を実施することである。
(出所)　シャンク，ゴビンダラジャン［1995］24ページ。

化戦略では，この支援活動による追加的な支援サービスを製品やサービスに追加することで，より他社製品と比べて価格プレミアムを要求することができる。ルイビトンのバッグ，エルメスの服や靴，さらには，モンブランのペンなどが典型的である。一方で，コスト・リーダーシップ戦略では，他社並みの製品・機能であっても，圧倒的なコスト優位性を実現させることをねらいとする。そのために，事業部はリーンな組織（間接部門をできるだけ直接部門化した組織）となり，支援活動はスリムで小人数であったりする。

　このように，戦略的な視点でコストを分析することは，シャンク，ゴビンダラジャン［1995］によれば戦略的コスト管理のパラダイムを必要とし，図表5-7にあるように，分析要素は付加価値（売上高－購買費用）ではなく，経済的利益（税引後営業利益から資本コストを控除したもの）を生み出しているかということを示すことにある。しかも，異なる戦略には異なるプロセスのコストを分析することが指摘されている。

● 事例 ❶　大阪電気の財務諸表をもとに ABC と EVA を利用した計算の意義 ⅢⅢⅢⅢⅢ

　大阪電気は，2つの事業単位（第1事業は差別化集中戦略をとり，第2事業はコスト集中戦略をとっている）と6つの製品ラインをもっている。ここでは，伝統的分析を ABC に代えることと，損益計算では明らかにできない資本コストをチャージすることで，事業ラインの資本・負債構成によるリスクを反映するシステムを作り上げている。

大阪電気損益計算書 （単位：億円）

収益		4,200
売上原価	1,325	
粗利益		2,875
販売費	714	
サービス支援費	546	
開発・試作費	774	
一般管理費	630	
小計		2,664
税引前利益		211
税金		84
純利益		127

大阪電気貸借対照表 （単位：億円）

流動資産		
現金	42	
売掛金	630	
棚卸資産	464	
小計		1,136
買掛金	163	
未払負債	266	
小計		429
正味運転資本		707
固定資産		
建物・設備		2,100
減価償却額	735	
正味固定資産		1,365
その他長期資産		100
小計		1,465
総資本額		2,172

大阪電気の財務指標と各種経営比率

利益率	
売上高粗利益率（ROS）	68%
税引前利益率	5%
純利益率	3%
資産回転率	
正味運転資本回転率	5.9回
正味固定資産回転率	3.1回
総経営資産回転率	1.9回
総資本利益率（r）	5.8%
加重平均資本コスト（r_w）	10%
EVA スプレッド（$r-r_w$）	−4.2%
経済的利益	−91億円

伝統的分析報告書 （単位：億円）

製品ライン	第1事業単位			第2事業単位			合計
	1	2	3	4	5	6	
売上高	800	1,000	700	300	500	900	4,200
売上原価	280	400	175	90	200	180	1,325

売上総利益	520	600	525	210	300	720	2,875
ROS	65%	60%	75%	70%	60%	80%	68%
直接経費	160	207	118	52	103	134	774
配賦費用	378	473	296	144	237	362	1,890
貢献利益額	−18	−80	111	14	−40	224	211
貢献利益率	−2%	−8%	16%	5%	−8%	25%	5%

ABC分析報告書 (単位：億円)

	第1事業単位			第2事業単位			
製品ライン	1	2	3	4	5	6	合計
売上高	800	1,000	700	300	500	900	4,200
売上原価	280	400	175	90	200	180	1,325
売上総利益	520	600	525	210	300	720	2,875
活動原価	286	606	457	216	425	673	2,664
貢献利益額	234	−6	68	−6	−125	47	211
貢献利益率	29%	−1%	10%	−2%	−25%	5%	5%

　上記の活動原価は間接費の分だけで，売上原価には残り664億円が含まれている。全部で活動原価は3328億円，直接材料費は663億円である。

　そこで，活動原価と材料費をすべての活動とプロセスに跡づけると，次のようになる。なお活動は，プロセスを同質的なより詳細な分析単位で区分したものである。ここでは，プロセスは6つに分かれている。

　この6つのプロセスを細分化して活動原価を跡づけたのが，次の表である。これにより，どの活動にどれだけのコストがかかったのかがわかる。また，貸借対照表から期末の経営資産を各活動に関係づけて，資産がどの活動にどれだけかかわり，その結果として資本コストをどの活動が負担すべきかを明示する。なお，資本コストは，WACC＝10%として計算される。

プロセスと活動分析表 (単位：億円)

コアプロセスの種類	活動の説明	活動原価	プロセス原価
顧客開発とマネジメント			
	新製品企画	130	
	販売先管理	336	
	請求と回収	42	508
デザインと新製品開発			
	顧客ニーズ探索	152	
	新製品試作	127	
	新製品市販	64	343
生　　産			
	材料・購入品購買	90	
	部品組立て	180	

	製品組立て	393	663
製品生産管理・出荷・物流			
	生産計画	104	
	製品在庫	208	
	製品出荷	208	520
サービスと販売支援			
	販売後支援	277	
	販売広告活動	269	546
企業統治			
	戦略計画・予算	307	
	人的資源計画と報酬計画	126	
	財務・法務活動	315	748
	総活動原価	3,328	
	購買材料費	663	
	総企業原価	3,991	

資本コストを活動にチャージする（単位：億円）

資産残高	現　金	売掛金	棚卸額	買掛金	未払費用	正味固定資産残高	その他資産額
	42	630	464	162	266	1,365	100
顧客開発とマネジメント							
新製品企画							
販売先管理						7	
請求と回収		63					
デザインと新製品開発							
顧客ニーズ探索							
新製品試作							
新製品市販							
生　産							
材料・購入品購買			9	−16			
部品組立て						34	
製品組立て						34	
製品生産管理・出荷・物流							
生産計画							
製品在庫			37			27	
製品出荷						14	
サービスと販売支援							
販売後支援						7	
販売広告活動						7	
企業統治							
戦略計画・予算活動							
人的資源計画と報酬計画					−27		

財務・法務活動	4					7	10
総資本費用	4	63	46	−16	−27	137	10

　上記の2つの表から，活動別に資本コストと活動原価をとらえることができれば，それを製品ライン別にABC分析表で利用したコスト・ドライバー（ここでは明示化されてはいないが）を利用して，各製品ラインにそって経済的利益は計算されることになる。それが，次の表である。

ABC分析報告書 (単位：億円)

製品ライン	第1事業単位			第2事業単位			合計
	1	2	3	4	5	6	
売上高	800	1,000	700	300	500	900	4,200
売上原価	280	400	175	90	200	180	1,325
売上総利益	520	600	525	210	300	720	2,875
ROS	65%	60%	75%	70%	60%	80%	68%
資本コストと活動原価	311	659	499	236	452	724	2,881
税金	94	−2	27	−3	−50	19	85
経済的利益	115	−57	−1	−23	−102	−23	−91

(注)　税金については40%で貢献利益ベースでチャージしている。

　この報告書から，製品ライン2，4，5，6はいずれも価値破壊的である。とりわけ，製品4と製品6は，既存の貢献利益の報告書では黒字であったが，実際はかなり問題があることがわかる。もちろん，経済的利益は帳簿価値を基礎に計算すべきでなく，現在価値ベースで計算すべきであるが，それによる誤差を差し引いても問題の所在は明らかである。すなわち，活動原価もしくは資本コストを引き下げるべき手段を実施することが，緊急の課題であることが指摘できる。そのことから，何に手をつけることがコスト競争力の改善につながるかが明示化されたといえる。

〈参考文献〉

Hubbell, W. W. [1996] "A Case Study in Economic Value Added and Activity-Based Management," *Journal of Cost Management,* Summer.

Ross, S. A., R. W. Westerfield and J. F. Jaffe [1996] *Corporate Finance,* 4th ed., Irwin.

高野真 [1992]「株主資本利益率と株式の評価」『証券アナリストジャーナル』9月。

平沼亮・石井宏和 [1992]「フリーキャッシュフロー・バリエーションによる

日米主要企業の株式価値比較」『証券アナリストジャーナル』9月。

シャンク，J.K.，V. ゴビンダラジャン（種本廣之訳）［1995］『戦略的コスト
マネジメント』日本経済新聞社。

白木豊・加藤直樹［1997］「EVA モデルの考え方と日本企業への適用」『証券
アナリストジャーナル』11月。

芳賀沼千里［1997］「フリーキャッシュフロー・バリエーションへの一考察」
『証券アナリストジャーナル』11月。

小倉昇［2000］「日本企業に見る管理会計としての経済的付加価値」『会計』第
157巻第5号。

寺山正一［2000］「トヨタ式生産システムで考える EVA：カイゼンこそ効率
経営の極意：ムリ・ムダ・ムラを徹底的して省け」『日経ビジネス』8月14
日号。

伊藤克容［2001］「花王(株)における EVA 経営の展開」『企業会計』第53巻
第2号。

田中隆雄［2001］「ソニー(株)における企業価値経営：EVA の導入と新報酬
システム」『企業会計』第53巻第2号。

水野一郎［2001］「EVA の意義と課題」『第1回経営セミナー』日本管理会計
学会。

第6章

バランスト・スコアカードと業績測定

は じ め に

　EVA（economic value added）や RI（residual income）といった新たな業績測定方法が提案されている。これらはいずれも，株主価値を意識すると同時に，マネジメントへの適切な動機づけについても逆機能が起こらないように配慮しているところに，革新的な意義があるといえる。そのような提案のなかで，EVA と ABC（activity based costing）の関係づけの重要性を前章では強調した。すなわち，基幹測定システムの選択が業績測定には重要だということである。その ABC の提唱者の一人であるキャプラン（R. S. Kaplan）は，ABC のもつ財務偏重，トップダウン偏重の経営思想に対して，現実の経営からのさらなるフィードバックとしてバランスト・スコアカード（balanced scorecard：BSC）を提案する。ここでは，それのもつ革新性を検討することにしよう。

1 バランスト・スコアカードと経済的利益

　「業績を改善するキーファクターをブレークダウンしていくと，なんらかの会計数値以外の具体的指標が出てくる。比率中心の経営分析には出てこない苦情処理時間や新製品の投入サイクルなどがそれにあたる。3 M では新製品比率が最重要指標であり，30％ が至上命題となっている。この指標なし

では 3 M というイノベーション会社は成立しない」（吉田［1999］61 ページ）。この説明にあるとおり，エクセレントな製造業は，財務指標以外に複数の指標を利用して業績測定を行っている。その理由は，4 つある。1 つは，財務指標のみでは行動指標とならないこと。2 つめは，ローカルな情報を財務情報では表現できないこと。3 つめは，組織のコア競争力がどの程度あり，どのように強化されているのかは，財務指標では明らかにできないこと。4 つめは，最も重要な顧客からのフィードバックを適切に経営上考慮する指標としては，財務情報では不可能であること。

　以上から，財務指標の重要性を考えると，次の 4 つの要素が考慮されるべきだとキャプランらは主張する。

(1)　会計指標による統合機能（EVA は統合機能として非常に優れている）

　ROE（return on equity）の限界の克服として，「ブランドの拡大は，企業価値に本当にマイナスなのか。コカコーラが得た結論は，株主や債権者が期待する資本リターンを上回る利益さえ上げられるのであれば，マージンや ROE が低下しても企業価値は上昇する」との結論を得た。EVA 採用論者は，その考え方を基礎にしている。

(2)　競争優位性の確立方法（コア・コンピタンス）

　たとえば，革新と学習の程度を計るための測定方法としては，直近 3 年間の売上高新製品比率 30％ といった指標の利用が考えられる。従業員の継続的な学習・知識獲得が，最も重要な競争力の源泉である。いずれの企業もこのことを十分に承知しているが，本当に自社のコア・コンピタンスが維持・強化されているのかを点検するには，形式知としての組織的学習と革新性の測定が必要である。

(3)　顧客満足の測定

　顧客との関係の継続的な維持と拡大こそ，EVA を高めるためにも必要であり，この関係が継続的かつ良好に維持されているのかを確認し，継続的に強化することが必要である。そのために，なんらかの評価指標をもつ必要がある。

(4)　内部の効率化の測定（たとえば，継続的なサイクルタイムの削減）

　キャプランらによるとプロセスは 3 つに分かれており，とりわけイノベー

ション・プロセス，オペレーション・プロセス，カスタマー・リレーション
シップ・プロセスの3つが重要である。これらがどのようになされているの
か，継続的に改善されているのかを検証し強化することが必要である。

　以上の4つの測定次元にそって，業績測定指標の重要性とその意義につい
て解説する。業績測定指標は，伝統的に財務的な指標がこれまで経営者ある
いは管理者の関心であった。EVAも例外ではない。それが利用されてきた
背景は，2つある。1つは，経営者の関心は利益確保であり，少なくとも年
度利益計画で定めた目標水準を達成することが経営者の最低限の責任となる
からである。2つめは，その指標から得られる情報が，経営の良否を判断す
るうえで最もわかりやすく直接的だからである。しかし，企業活動が，単純
な製造なり販売により付加価値を生み出す時代から，他社と違う知識や技術
を組み合わせたサービスやソフトを製品に追加することで，差別化した製
品・サービスの生成を競争の基礎にするようになった。このことは，これま
で以上に，従業員の技術や知識の創造なり既存知識の違った結合が必要に
なっていることを示している。ここでは，このような現代の経営における業
績指標，とりわけ最近適用が盛んになっているバランスト・スコアカードの
役割を検討することにする。

2　業績測定指標の重要性

業績測定のための指標の意義としては，次の点を指摘できる。
(1)　測定されないものはマネジメントできない
(2)　競争優位の獲得・維持の方法が変化してきている
(3)　資本市場の圧力の高まりと経営目標の重要性の変化が起こっている
(4)　競争のスピードの激的な変化への対応力を必要としている（IT革命）
(5)　指令・命令によるマネジメントからコミュニケーション・マネジメン
　　トへと，マネジメントの原則に変化が起こっている
(6)　結果のマネジメントよりプロセスのマネジメントを必要とする
(7)　知識・無形資産のコア競争力（持続的競争優位，ノウハウ）が重要であ
　　る

以上のように，現在の企業は，その競争力を維持するには，単なる製造規模や販売力でなく新しい知識をマネジメントし，それを製品やサービスに転換する能力を問われていることになる。そのために，これまでの単純な財務指標では，従業員の活動を全体的に1つの方向へと束ねることは難しくなってきているといえよう。すなわち，なんらかのイノベーションが経営活動で求められていることになる。

　これは，これまでの生産・販売部門などが別々に努力することで成果を生み出すことから，戦略（とりわけここでいう戦略は，事業戦略）とマネジメントが一体になって目標に向かって努力することや，アイデアをもちよることが必要であるということである。その流れを活性化し，組織の構成員が協力してそれぞれの能力・違いをもちより，シナジーを起こすことが求められる。業績指標は，その動きを加速するためのものであり，マネジメントするうえで必須のものである。

3　業績測定指標の3つの特徴

　このようなことから，経営で求められている業績指標は，過去の経営における2つの流れを受けて，バランスト・スコアカードとして結実しつつある。すなわち，伝統的な財務指標，TQCやTQM活動などの現場の改善活動を促すためのさまざまな非財務的指標と，方針管理のような機能別管理による非財務的指標のシステムとして活用されたものを統合する枠組みとして構想されたのが，バランスト・スコアカードの最大の意義である。

　以下に，経営における3つの指標の特徴を示す。

　(1)　伝統的測定尺度

　①古典的会計システムに基礎をおく，②財務尺度中心，③上位のマネジャーへの情報提供，④遅いフィードバック，⑤改善効果を無視，⑥事後情報中心，⑦内容が固定的で現場の状況を無視

　(2)　非 財 務 尺 度

　①企業戦略に基礎をおく，②非財務尺度（たとえば，品質・デリバリー），③すべての従業員に情報提供，④正確で，単純で，素早く伝達，⑤改善効

果を折り込む，⑥ 固定的でないフォーマット

(3) バランスト・スコアカード

現代の企業経営においては，財務的な成功を収めるためには，財務的な測定指標だけでは十分に経営の意思決定に必要な変数を把握できないとして，キャプランとノートン（D. Norton）により，多元的な業績測定指標の基本原理が展開された（キャプラン，ノートン [2001]）。その骨子は，企業の戦略や方針を目標や指標に展開するには，4つの視点が必要であることを主張したものである。その結果，4つの視点から，成功に向けて，各人が努力する進路を示すための先行指標とその指標をもとに成功を計る業績測定指標が展開される。先行指標と業績測定指標は必ずしも同じでなく，しばしば測定指標は，組織の階層や横との関係から統合化され集約される。

4つの視点とは，① 財務的視点，② 顧客視点，③ 内部事業プロセスの視点，そして ④ 学習と成長の視点である。

このうち，顧客視点をみると，とりわけ顧客への価値提案（value proposition）を重視することを主張する。なお，価値提案とは，顧客に購買コストを上回る価値の実現（魅力と効用）を提起できることである。これは，さらに3つの属性からなるもので，製品・サービスの属性（製品のもつ機能・価格・品質），顧客との関係づけ（顧客との対話の内容，配送の内容など），イメージ・評判（顧客への企業からの発信）に関する属性に分解される。マーケティングでいう3種類の属性をどう満たしているのかを測定する必要があるということである。

内部事業プロセス視点（これは，組織に顧客への価値提案を伝える側面と株主期待を満足することの2つを含む）は，さらに分解すると，基本的に3つの事業プロセス（革新，オペレーション，販売後サービス〔アフター・サービス〕）に区分して理解することができる。事業プロセスは，革新を生み出すプロセス，オペレーションとしての製造・販売・物流のプロセス，それに販売したあとでの顧客との関係性を良好に保つためのプロセスである。

学習と成長の視点は，長期的な組織の成長と継続的なコスト競争力の強化，すなわち改善をもたらすのに必要なインフラを明らかにし，それを強化することに関係する。すなわち，組織の中核能力（core capabilities）を継続的に

改善することである。その中核能力こそ，組織の資源であり，人・システム（ITを含む技術システム）・組織的手続きとしての仕組みであるとされる。そのうちで最も重要なものは人であるが，その個人的な能力の向上を促す仕組みだけでなく，その成果を的確に測定することが，個人へのインセンティブを促進するうえで必要である。GE（ゼネラル・エレクトリック）社や，HP（ヒューレット・パッカード）社などの企業はそのための仕組みを作っている。

　もっともシステムは，組織が行った成功や失敗の過去の結果を財産として保持し，それを全員の共有財産として維持・強化するうえで重要な仕組みである。とりわけ，PDM（product data management）やDWH（data warehouse）などのイノベーションとオペレーションにかかわるノウハウの保存と共有を促すシステム作りが，知識マネジメントのためには必要とされている。

　そのために，組織的手続きが柔軟であると同時に，明確でなければならない。組織内の情報公開は，しばしば組織外への機密の漏洩を招き，大きな機会損失を招く可能性もある。しかし，そのことから，一部のスタッフのみで戦略やイノベーションを議論することは，逆に組織の弱体化を招くことに注意しなければならない。経営者にとって注意すべき点は，大きなリスクの発生を未然に予測し，対処方法を立案し，問題が起こったときに迅速に対処できることである。

4　伝統的測定とバランスト・スコアカードの違い

　伝統的な測定（前述した財務的測定もしくは非財務的測定）とバランスト・スコアカードでの内部指標の考え方の大きな違いは，前者は現行の事業プロセスの監視と維持のためであるが，後者には2つの追加的課題がある。1つは，財務業績，顧客満足を高めるためにより洗練されるべき新たなプロセスをみつけることに役立つことが強調される。したがって，新たな戦略からみて，必要な属性を測定することになる。もう1つは，イノベーションのための必要プロセスを測定しようとする考え方である。このプロセスは，バランスト・スコアカードでは戦略マップという概念として表現される（キャプラ

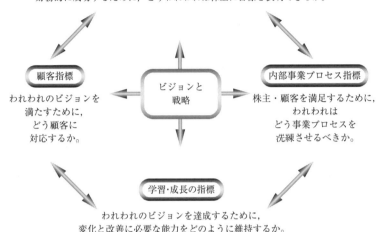

図表 6‑1　4つの目標指標とビジョン・戦略との関係

財務指標

財務的に成功するために，どうわれわれは株主に目標を表明できるか。

顧客指標

われわれのビジョンを
満たすために，
どう顧客に
対応するか。

ビジョンと
戦略

内部事業プロセス指標

株主・顧客を満足するために，
われわれは
どう事業プロセスを
洗練させるべきか。

学習・成長の指標

われわれのビジョンを達成するために，
変化と改善に必要な能力をどのように維持するか。

(出所)　Kaplan and Atkinson［1998］p. 369.

ン，ノートン［2001］42〜43ページ）。

　それでは，4つの種類の測定指標はどのような関係になるかをみると，図表6‑1のとおりである。議論の中心は，ビジョンと戦略に対応して指標を設定するという考え方で，ビジョンと戦略の周りに財務指標，顧客指標，内部事業プロセス指標，学習・成長の指標が関連づけられる。

　さらに，この4つのうちで，顧客指標を分解すると，図表6‑2のような階層的な関係が重視されている。顧客指標は，ユニークな価値提案を実際の結果につなげる。そのためには，顧客の獲得・顧客の保持が必要であり，これを満たすには顧客満足がなくてはならない。この顧客満足は，製品サービス属性・イメージ・顧客関係性といった属性で測定されることになる。

5　内部価値連鎖——内部事業プロセス指標

　事業プロセスの指標は，革新プロセス，オペレーション・プロセス，販売

図表 6-2　顧客指標──ユニークな価値提案をコア・アウトカム指標にリンクする

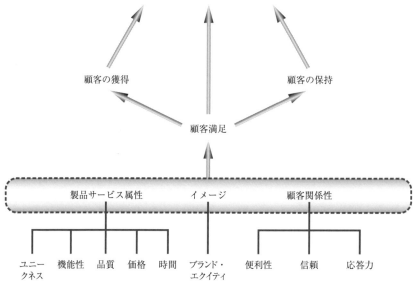

（出所）　Kaplan and Atkinson［1998］p. 371.

図表 6-3　事業プロセス・サイクル

（出所）　Kaplan and Atkinson［1998］p. 371.

後サービス・プロセスに分けて，測定指標をある程度区別しなければならない。同じ指標（たとえばコスト指標，品質指標）では，プロセスの強化なり現状が測定できないことになるからである。そこで，キャプランらの主張では，図表 6-3 に示すようにイノベーション・サイクル，オペレーション・サイクル，販売後サービス・サイクルに分けて，3 つのサイクルに区分された価値連鎖を利用し，必要な競争力を測る属性を抽出して，ターゲットとなる先

行指標とそれを追求する結果として実現する業績測定指標を展開している。

このうち，イノベーション・サイクルでは，市場を確定するプロセスと製品・サービスを創造するプロセスの指標を戦略にあわせて設計する必要がある。

たとえば，ボーイング社では，B 777 の市場を中距離・中規模・コスト効率性などから 1 機当たりの定員を 300〜340 人程度に設定し，これまでの 250〜350 人クラスの市場にターゲットをあわせた開発を行った。しかし，これをどのような仕組みで創造するかについて，これまでの製品とは異なるコンセプトを取り入れた。それが，顧客を巻き込んだ開発システム（デザイン・ビルド・チーム〔DBT〕であり，同じ場所で仕事とコミュニケーションを共有する co-location 方式，シングルソース・データ・マネジメント）をもとにした戦略であり，そのためにエンジニアのチームに顧客のエンジニアや生産責任者を加え，業績指標に技術指標だけでなく，コスト・時間・品質指標を設定したのである。

余談であるが，イノベーション・サイクルでのボーイング社の事例は，次の B 747 X（ジャンボの後継機）の開発では生かされなかった。そして，エアバス社の A 380 の開発発表とともに，開発戦略が二転三転し，現在は B 747 X は凍結されている（2001 年 4 月現在）。しかし，ボーイング社によれば，けっして開発オプションは廃棄されたわけではなく，オプションとしては残されているようである。

オペレーション・プロセスに関する測定指標は，最も一般的な業績測定指標である。たとえば，コスト・サイクルタイム・品質，さらに弾力性・製品の諸特性があげられる。また，販売後サービス（postsales service）では，品質保証・修繕・返品サービス・信用販売に関する支払管理などがある。このオペレーションのプロセスの測定指標は製造・販売に関連するもので，革新プロセスは研究・開発，さらに販売後のサービスは顧客との関係性の維持にかかわる。

6 スパイラル・アップの考え方

財務視点からはそれに必要な財務指標のレベルが，顧客視点からは顧客の

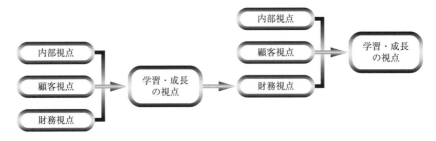
図表6-4　スパイラル・アップの考え方

期待を実現するための具体的な指標と目標が，そして内部のもつシステムと
人的資源の現状からは企業の人的・システム的・手続き的な能力の必要水準
と現実とのギャップが明らかになる。その差を埋めるには，企業による3つ
の資源への投資が必要となる。この投資は，購入されれば実現するというも
のではなく，組織的に絶えざる学習と成長を必要とする。たとえば，図表
6-4に示すとおり，学習・成長の実現レベルに応じて財務目標が達成され，
それが新たな顧客満足の実現とギャップの把握，そして一層レベルの高いイ
ノベーションの実現とプロセスの強化につながるという，スパイラルなアッ
プを実現することが強調される。

　前述したボーイング社においても，B777における新しい開発プロジェク
トには，これまでの発想からの飛躍がエンジニアに要求された。たとえば，
CATIA社（3次元CAD〔設計支援ソフト〕のメーカー名）の3次元CADを
利用した，分散的で高度な解析能力を基礎においた製品設計である。また，
図面から問題を分析するのでなく，CAE（コンピュータ支援技術計算）を利
用して最適な素材や形態をシュミレーションする技術の開発である。これは，
新素材の採用とそれの熱特性，耐圧特性などの研究を刺激する。この方向に
あった学習・成長のために，ボーイング社は大学との産学提携による学習機
会を設けたり，そこでの単位取得を促す仕組みと評価制度を導入した。ここ
に，組織において，連続的な学習・成長から非連続的な学習・成長により，
これまでのパラダイムから解放された革新が生まれることも可能となる。

　そのほかに，HP社，デュポン社，GE社では，顧客視点，イノベーショ
ンとしてのプロセス視点，オペレーションとしてのプロセス視点として，次

のようなものを説明している。

(1) HP社

① 設計者と顧客との相互作用のための指標

　顧客ニーズの理解＝(顧客への訪問回数)÷(設計者数)

② 製品開発の全体効果をみるための指標

　(a) スタッフレベルの有効性＝(プロジェクトに当初必要とされた延べスタッフ予測数)÷(実際の延べスタッフ数)

　(b) デザインの安定性＝(プロジェクトのデザイン変更数)÷(プロジェクトの総コスト)

③ オペレーションのための指標

　(a) プロジェクトの進捗率＝(遅延追加月数)÷(プロジェクトの当初の計画月数)

　(b) コスト見積り＝(フェーズの実際コスト)÷(フェーズの計画コスト)

　(c) マイルストーン進捗率＝(月内到着マイル数)÷(その月の計画マイル数)

(2) デュポン社のR＆D活動の測定指標（デュポン社のイメージ・システム事業の開発指標）

① R＆Dコアプロセス（内部指標）

　人的開発のレベル，技術計画・開発計画の進捗

② 顧客本位のイノベーション

　製品とプロセス設計に関する指標

　競争力ある知識の保持・獲得の程度

　事業チームのパートナーシップの程度

③ 顧客ニーズ・グループ（外部指標）

　人，標準R＆D，OSHA（廃棄物量），JIT生産の利用，新製品種類・数，製品革新度

④ 学習・成長の指標（内部指標）

　1人当たりのコース履修率

　獲得賞のスタッフ率

　外部専門家組織で活動するスタッフ比率

部門とローカルからの起案数

委員会の出席比率

提案コースの承認比率

雇用後の獲得学士比率

(3) GE 社の研究・開発プロセスの指標

製品設計とプロセス設計の活動を評価する指標

ベンダーの利益率

公式クレーム，原料の製品タイプ別の費用

製造サイクルタイム

製品間の相対品質

過去 3 年間の新製品の売上・利益寄与率

新製品・プロセスの改修にかかる時間数

購入材料の引取り上限

① 事業チームの協力レベルを計る指標

事業チームに参加する人員比率

新製品・プロセスの提案比率

② R＆D 標準活動の外部的指標

取得パテント数，事業部外での報告数，新製品種類数

コンセプトから市場投入までの時間

(4) GE 社の事業レベルの測定指標

収益性比率

活動比率

プロジェクト評価・比較

回収期間，IRR，NPV

7 4 つの視点と業績測定指標

4 つの種類の指標は，組織に次のような目標間のバランスを生み出す。

(1) 短期と長期の目標

(2) 外部（株主・顧客）と内部（重要事業プロセス，革新，学習・成長）の目

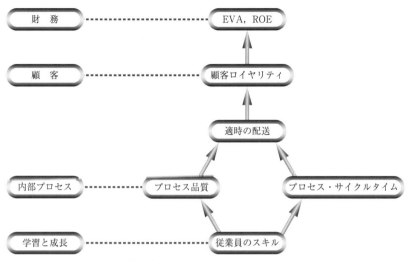

図表6-5　4つの指標の階層関係

(出所)　Kaplan and Atkinson［1998］p. 377.

　　標
(3)　希求されるアウトカムとアウトカムをもたらすための業績作用因（ド
　　ライバー）
(4)　硬い目標測定指標と柔らかな目標測定指標
　バランスト・スコアカードは，上記のトレードオフをする目標のバランス
をとることで，経営者によるスタッフのコントロールではなく，スタッフの
間でのコミュニケーション，情報伝達，学習を活性化するためのシステムで
ある。すなわち，当初想定されるかもしれないように，指令所から4つの指
標をみながら経営者が問題個所に対して指令を出し，その結果をチェックす
るための仕組みとして重視される（この考え方もないとはいえない）のでなく，
むしろ，エンパワーメント（現場に下ろされた権限・責任）されたスタッフが
問題をさぐり，分析して，学習の結果としてオペレーションを改善していく
ための対話の仕組みである。
　バランスト・スコアカードは，1つの戦略を実行するために，必要な手段
であるとみるべきであり，因果関係とアウトカム測定指標とそのドライバー

（先行指標）を含む。図表6‐5で示された因果関係は，縦の因果関係と呼ばれている（清水［2001］）。

　測定指標は，戦略的指標と診断的指標とに区別できる。これは，指標のもつバランスト・スコアカードとしての特性と，これまでよく議論された組織の管理指標との違いである。診断的指標（フィードバックを前提とした指標，結果から問題点を分析する指標）とバランスト・スコアカードで述べている指標とを混同してはならない。

8　成功した業績測定の特徴と課題

　業績測定指標に関する事例を通じて得られた結論としては，次の6つの特徴をあげることができる。
(1)　業務目標，目的，重要成功要因が首尾一貫し，それを支えるものであること
(2)　できるかぎり少ない尺度で情報を伝達できること
(3)　顧客のニーズや期待が効果的に満たされているかを明らかにできること
(4)　構成メンバーの決定が事業全体にどう影響するかをメンバーが理解する手段であること
(5)　組織学習と継続的改善を支持すること
(6)　事業からみた業績尺度
　バランスト・スコアカードについても多くの課題があり，次のような点を指摘できる。とりわけ，このような多元的な指標を必要としているはずのハイテク企業や成長企業ほど，プロジェクト・マネジメントのための業績指標と戦略との間に微妙な関係があるといえよう。
(1)　トップダウンで現場の状況にあった業績指標が作れるか
(2)　業績測定指標と業績評価・報酬の微妙な関係（シティーバンクでの失敗，主観的な評価が入る，ローカルな環境にあわない，コミュニケーションが足りない）
(3)　企業文化が事業環境に不適合（HPwayとハイテク）なのに業績指標は

なかなか変えられない（HP社ではあえてハイテクとローテクとに企業分割した）

(4) 財務目標のインセンティブが強すぎる（個人競争の場となる可能性）

(5) 実施局面でそのシステムはしばしば主観的になる（上司の視点が入り込む）

(6) 本当に重要な要素はしばしば計量化困難である（チーム精神の維持，職場環境の安全性など）

とりわけ(2)で指摘されている業績測定指標と業績評価・報酬システムとの微妙な関係は重要な点である。また，(3)であがっているように，広い意味では事業環境の違いが業績指標に大きな変更を要求する。財務指標では，それを資本コストで調整するような方法である程度説明できるが，事業のそれぞれのローカルな特性を指標化するには，SBU（strategic business unit）構成員の積極的な関与が必要である。(3)の問題をソニーでは，カンパニーの業績評価にトラッキング・ストックの発行による市場評価原理を100%子会社である社内分社に適用している。これは，形式的にはソニー本体と分離されていないという意味で，ヴァーチャルな事業分離をした子会社の業績に連動した子会社連動株式の本体による発行を行ったものである。これにより，HP社のような分離による競争力の低下を危惧しないで，財務的業績評価システムを工夫する余地は確実に高まっている。田中［2001］によれば，「トラッキング・ストックとは，特定の事業部門や子会社の業績に株価が連動することを狙った株式である。トラッキング・ストックは特定の事業部門に対する支配権を維持しつつ，その価値を顕在化させることが可能な株式であり，資金調達や企業再編等の手段としてアメリカでは利用されている」（32～33ページ）。このように，事業価値を強化しながら，同時に，資金配分の社内における柔軟性の確保と支配統治の一元化の同時達成を目的としている。さらに，従業員の業績評価と事業価値との連動性も重視していることがポイントであるといえよう。

さらに，バランスト・スコアカードの実施の必要要件としては，次の点を指摘できるであろう。

(1) 知識を行動に転換するための媒介になるために存在する

(2) 組織的成功に必要な要因に注意を向けるものであるとき，個人の業績とリンクすべきでない

(3) プロセスや手段・目的関係に注目する指標は，学習を促進し，決定・行為をよりよく誘導するものであるべきである

(4) 指標が事業モデルや文化と結びつくものである場合，測定指標は個々の企業の特性・文化によって異なり，財務的な画一的なものとは離れるべきである

(5) 指標が経験や実験などからの学習にかかわるとき，指標は柔軟で完璧なものであってはならない

(6) 測定指標の数は，事業モデルや企業文化を支えるものであるほど，少数であるべきである

(7) 測定は，他の組織活動の査定・監査を埋めるものであり，直感と同じであるかを確認するものである

〈参考文献〉

Kaplan, R. S. and A. A. Atkinson [1998] *Advanced Management Accounting,* 3rd ed., Prentice-Hall.

Ahmed, P. and M. Zairi [2000] "Innovation：A performance Measurement Perspective," J. Tidd ed., *From Knowledge Management to Strategic Competence,* Imperial College Press.

溝口一雄 [1985] 『最新 例解原価計算』中央経済社。

小林哲夫 [1993] 『現代原価計算論──戦略的コスト・マネジメントへのアプローチ』中央経済社。

門田安弘 [1994] 『価格競争力をつける原価企画と原価改善の技法』東洋経済新報社。

浅田孝幸・頼 誠・鈴木研一・中川優 [1998] 『管理会計・入門』有斐閣。

櫻井通晴 [1998] 『間接費の管理』新版，中央経済社。

エドビンソン，L.，M. S. マローン（高橋透訳）[1999] 『インテレクチュアル・キャピタル』日本能率協会マネジメントセンター。

吉田春樹 [1999] 「バランスト・スコアカード」『企業会計』第48巻第2号。

キャプラン，R. S.，D. ノートン（櫻井通晴監訳）[2001] 『キャプランとノートンの戦略バランスト・スコアカード』東洋経済新報社。

清水孝［2001］『経営競争力を強化する戦略管理会計』中央経済社。

田中隆雄［2001］「ソニー(株)における企業価値経営：EVA の導入と新報酬システム」『企業会計』第 53 巻第 2 号。

伊藤武志著，ニューチャーネットワークス編［2002］『バランスト・スコアカードによる戦略マネジメント』日本能率協会マネジメントセンター。

SCMのための管理会計

はじめに

　企業の価値連鎖においては，企業の境界を越えて協力することで，他社に対して市場で優位に立つ仕組みを構築することが重要である。この企業間での協力関係をどう構築するか。競争優位性を維持させる仕組みとしてどう協力関係を継続させるか。また，その協力関係がうまくいかなくなったとき，どのような手を打つことができるか。その手はどのような理論的基盤をもっているのか。このようなプロセスの視点に立った管理会計が注目されている。ここでは，これを SCM（supply chain management）で注目されている TOC（theory of constraints：制約理論）を論じることで説明していくことにしよう。この TOC は，1970〜80 年代に成功を収めた日本発の生産管理に関する研究を欧米流に消化して体系化したものとみることもできる（Huang [1999]）。

　アメリカにおける生産理論では，大量生産を支えるための理論として，プッシュ型の生産方式をもとにした考え方が主流であった。その原理としては，① 製品と作業の標準化を進めること，② 分業により仕事を細分化して，労働者の習熟率を高めること，③ 作業の成果に応じた報酬を与えること，④ 生産システムの稼働率を高め，操業度差異を極小化すること，⑤ 標準原価計算を利用して，直接費の差異の原因を発見しその差異を極小化すること，などがコアの考え方として提示され，工場から市場に溢れるばかりの標準品

が安価に提供され，大きな市場とあいまって，アメリカ型の市場経済を実現したのである。

　それに対して日本では，市場が狭く，嗜好も変化しやすく，しかも工場への大きな投資がままならないなかで，新たな生産システムが模索された。それが，プル型生産方式を採用したトヨタ生産方式である。これは，需要を重視した生産方式である。このトヨタ生産方式では，① 市場が小さく多様であるので，売れるものを作ること，② そのために生産を需要に同期化させること，③ 労働資源を有効に使うために多能工化し，現場に生産管理の権限を与えること，④ 在庫を少なくするために，購買と供給が協力関係をもち中間在庫をなくすことなど，いわゆるムダ・ムリ・ムラをなくすための改善を重視する仕組みが作り上げられた。

　その後，改善から企画へとトヨタ生産システムは展開するわけであるが，その生産システムにおける改善の仕組みとして，TOC は生産スケジュールにおけるムダ（資源の浪費，あるいは空費をさす。門田 [1994]）・ムラ（生産プロセスにおける変動的要因から生まれるアウトプットの期待された平均からの変動）をなくし，生産スケジュールの意義を，在庫を積み増すことでなく，売れるものをムダなく，しかも売る時点にできるだけ近い時点で作ることに主眼をおいた生産管理として確立する。しかも，TOC は，トヨタ生産方式が，現場の知恵・ニーズなどの暗黙的な経験や知識に比較的多く依存する部分をもつ知識の体系であるのに対して，現場でなく，基本的な理論なり仮説からブレークダウンされた形式知を基礎にした体系であること，また生産方式だけの理論でなく，システム問題を解決する方法論としての意義に重点をおくものであることなどが強調されている（稲垣 [1997]）。

　このように理論としての一般的応用力をもつ TOC 理論は，21 世紀のロジスティクスやサプライチェーンを考えるうえで大きな意義をもつだけでなく，電子データ交換や IT ビジネス，ロジスティクスの課題を議論する方法論としても注目すべきものといえる（稲垣 [1998]，加藤・竹之内・村上 [1999]）。そこで，本章では，こうした TOC とその管理会計の側面を形成するとされているスループット会計について，両者のかかわりと管理会計からみた TOC 理論の意義を考察することにしよう。

1 TOC 理論の意義と管理会計とのかかわり

TOC 理論の考案者であるゴールドラット（E. M. Goldratt）については，いくつかの著書（稲垣 [1997]，小林 [1997]，浜田 [1997]）で紹介されているので，ここでは割愛する。彼の主張した理論は，4 つほどのコアの考え方にまとめられる。1 つは，生産スケジューリングの理論であること。2 つめは，生産方法の改善のための理論であること。3 つめは，プロジェクト管理のための理論であること。そして 4 つめは，思考プロセスにおけるアイデア創出のための方法論であることである。ここではこのすべてを取り上げる余裕はないので，とりあえず管理会計との関係を考察するうえからも，最初の 2 つについて検討することにしよう。

第 1 の生産スケジューリング理論としての TOC の意義は，生産プロセスにおける制約あるいはボトルネックを重視した生産スケジュール計画を立てる基本的な考え方を示している点に求められる。第 2 の生産管理は，日程計画・月次計画・年次計画というように詳細なものから包括的なものまでさまざまである。そのうち，実際の生産管理の実務家からみれば日程計画とその運用が最も重要であり，各工程の能力と作業者の技量，サプライヤーの能力，消費者の注文から納品までの待ち時間などを考慮しながら，なおかつ儲かるスケジューリングを立てる必要がある。このスケジューリングにおいて，生産制約に注目した管理論の考え方をまとめ上げたことが，TOC の貢献であるとされている。それが，DBR（drum-buffer-rope）と呼ばれる考え方である。これは，制約条件をみつけること，それを徹底活用すること，他の工程を制約条件のスケジュールにあわせること，などの具体的ルールからなっている。このうち制約条件は，「TOC では CCR（capacity constrained resource）と呼ばれて注意深く管理しないと工場全体の生産計画に悪影響を与える工程や設備」をさし，ボトルネックとは，「現在の需要を満たすには生産能力が足りない工程」をさす。このことから通常は，需要が生産を上回る状況では，制約条件は同時にボトルネックとなる。

TOC 理論では，この制約条件を最大限活用することがねらいであり，そ

の意味から次のような目的が想定されている。すなわち，TOC 理論の目的は，短期での生産管理において「お金を儲ける」ことである。そのために，① スループットを増大させること，② 総投資を低減すること，③ 経費を低減させることとなる。

　管理会計での生産管理への貢献では，標準原価計算からの情報が活用され，生産された製品の原価を最小化すること，あるいは基準内に抑えることが目的とされる。そのために，生産計画（事前）では，線形計画法による，複数の制約を前提にした最適生産ミックスの決定が行われる。期中では，それを前提にした製品標準原価の達成活動が展開され，事後では，標準原価差異分析による直接費分析とその分析を受けた現場の改善が行われる。すなわち，計画のレベルでは，制約やスループットに対する関心はあるが，実際にそれをスケジュール化する段階になると，管理会計のなかには制約を重視した考え方はないといえるだろう。もっとも，制約については，製造間接費の予算差異分析が行われ，操業度差異が明らかにされるが，製品そのもののプロダクト・ミックスはすでに決定されているので，現場での機械の故障や現場への材料の遅延などで変更されたときの影響やスケジューリングの予定と実際の違いによる影響を操業度差異により検出することは，直接費ほどは容易でないといえる。さらに，注目すべき課題は，操業度差異や固定製造間接費の能率差異を算定しても，その原因をどのように遡及するか，それが実際に短期では企業にとってどれだけの損失になるのかは不明であるということである。

2　TOC 理論の特徴

すでに考察したとおり，TOC 理論では，何に注目すれば生産部門を「儲かるシステム」に変えることができるかということで，シンプルで強力な処方箋を提供している。その特徴を TOC の基本的仮定（Holmen [1996]）としてまとめると，次のようになる。
  (1)　目標は，現在・将来のキャッシュを生み出すことにある
  (2)　スループットは売上高−材料費（燃料費〔energy〕を含む）から定義

される

(3) 各製品の生産では，少なくとも1つの制約があり，これが企業収益の獲得を制限している

(4) 資源には3つのタイプがある。希少なボトルネックの資源，非ボトルネックな資源，それにキャパシティの制約としての資源である

(5) 大抵の製造活動は，少数のキャパシティ制約資源を有しており，それゆえにコントロールは容易である

(6) あらゆる製造環境では，統計的なゆらぎ，ランダムな事象が発生し，その結果として，資源と製品との間にはそれらの相互関係に依存した事象が発生する

(7) ボトルネックがみつかり，製品オーダーが所与の資源量との関係で安定しているとき，最適化生産技術のシステムは安定的である

　TOCの仮定からみると，基本的なねらいは，不安定な事象やランダムな発生，制約を重視して，それらをオン・コントロールするスケジューリング計画を立てることと，その不安定なところをどのようにケアして安定化させるか，また不安定の要因を改善する方策をどのようにみつけるかということにあり，これはTOC理論の大きな意義であるといえるだろう。

　その意義からわかるように，TOC理論では，「システムの目的の達成を阻害する制約条件を見つけ，それを克服するためのシステムの改善手法」（稲垣 [1997] 106ページ）を重視する。

　この改善は，① スループットの改善，② 総投資（棚卸資産，設備資産）を低減する，③ 経費を削減する，ことに帰着する。その3つの要素を，ゴールドラット（Goldratt [1987]）は5つのステップとして整理している。

　　ステップ1——工場のボトルネックを特定化する（小説 *The Goal* では，熱処理炉，自動工作機械 NCX 10 と特定された）

　　ステップ2——ボトルネックの能力をどう開拓するか決める

　　ステップ3——非ボトルネックをボトルネックに従属させる

　　ステップ4——工場内のボトルネックの能力を増強する

　　ステップ5——もしボトルネックが解消されたら，ステップ1に戻る

　　上記の解決の段階が示すとおり，非常に単純にみえる解決方法であるが，

その指摘は，これまでの管理会計・原価計算の考え方からすると非常に逆説的なものを含んでいる。それは，部分プロセスの生産性の向上や工程の原価低減による製造原価削減を第１に重視するのでなく，ボトルネックを最大限活用して，スループットを最大化することを指摘している点である。すなわち，投入から販売あるいは顧客に引き渡されるまでのフローのスピードを最大化することを重視しているのである。これは，これまでの工場での評価指標の変更を必要とすると，ゴールドラットは指摘する。この指摘は，トヨタ生産方式での考え方とも非常に通じるものである。

　これまでの管理指標とは，業務費用あるいは製造原価の低減である。しかし，TOC では，一番重要な指標がスループットであり，二番目が在庫費用，三番目が業務費用である。とりわけ，在庫は，会計では資産とみなされるが，TOC では必要悪として，ボトルネックとなる工程の前だけに一定量は必要と考え，それ以外はむしろ負債とみる。業務費用は，変動的とみなさず，短期的には固定費であり，とりわけ人件費の削減には注意を促している。むしろ，人的資源の削減は競争力の喪失とみており，設備コストの削減については能力過剰であれば，削減もまた必要と考える。

　この原価低減でなくスループットの最大化は，まさに現代企業の生産管理システムは，市場価値を創出することを前提に設計されるべきであることを指摘したわけであり，ゴールドラットは，以下のように述べている。① いままでの原価計算では，能力と需要をバランスさせるのを第１にして，それから流れをよくするべきだと考えてきた。しかし，能力はバランスさせるべきでなく，余力は必要であり，流れを需要にバランスさせるべきである。② いままでのインセンティブ・スキームは，作業者の貢献度が作業者自身の能力で決まるという仮定に基づいていた。しかし，能力は従属性があり，非ボトルネックの資源の稼働は工場全体の利益の観点からみると，それ自体の能力で決まるのでなく，工場のなかにある他の制約によって決まるのである。③ これまでの生産の理論は，貢献と稼働は同じと考えていたが，資源の稼働と資源の貢献とは同義ではない。非ボトルネックの資源の貢献は，ボトルネックの稼働に従属する。

　TOC 理論は，彼の指摘にあるとおり，いままでの伝統的な原価計算を基

礎においたパラダイムへの挑戦という性格をもっているようである。それを彼は，次のような言葉で，小説の登場人物（工場経理担当のルー）に語らせている。「われわれがこれまでにやってきた変化，ささげてきた努力には1つの共通点があった。それは，原価計算への反抗である。部分最適化，最適バッチサイズ，製品原価，在庫評価などは共通の原因があった。たくさんの問題があったわけではないのだ。私は経理担当として，原価計算の正当性を長い間疑問視していた。原価計算は 20 世紀の初頭に発明されたのだが，現在とは前提条件が大きく違っているのだ。だから私は，こういう指針を得たのだ。つまり，原価計算に由来するものは，間違っているという指針だ」。

3 スループット会計と TOC

　ゴールドラットの小説 *The Goal* に出てくる状況は，1980 年代にしばしばアメリカの工場で起こっていた現象であり，納品遅れ，品質不良，不良在庫，返品，顧客離れにより工場閉鎖を重ねてきた。しかし，1990 年代に入り，IT（情報技術）革命の進行とともに，新たな規制緩和と産業振興により，経済システムは大きな変化を遂げたとされる。しかし一方で，既存の産業についてはあまり変化が指摘されていない。その既存産業のなかでの大きな変化の1つに，この TOC 理論の発展・応用の効果が考えられる。それは，まさに生産管理に関するパラダイム変革が確実に進行してきたということであろう。第2節でも指摘したように，その基本的な変化というのは原価計算への批判を含んでおり，伝統的な原価計算による生産性の測定は企業目的の達成になんら貢献していない可能性のあることを指摘し，その対案として，制度会計のための原価計算とは別に，意思決定のための原価計算としてスループット会計を提案する。それは，すでに指摘した3つの尺度から構成されており，それらはスループット，業務費用（operating expenses），それに在庫である。

　このうち，スループットすなわち「売上高－材料費」での成果の測定とは，販売時点での測定であり，製造時点ではない。もう1つ重要な指摘は，「スループットは金額で成果を測定するのであって，時間や重量等で活動を測定

しない。売上，つまり原材料を販売製品に変換することに寄与しない活動は無駄なものとして捉えている」（菅本［1998 a］）。在庫は，「企業が販売を意図する資材（仕掛品，製品，ただし売却される設備資産は含まれる）に投資した金額をいう」（同上）。具体的には，原材料在庫，仕掛品在庫，製品在庫に含まれる直接材料費であり，その意義は「資材費用のみを含める。ダイナミックな市場に対応できるかどうかは，在庫をスループットに変換する速度に依存する」，「資材の加工進捗度が高まっても，価値を付加しない」（同上）。すなわち，原価の凝着性は否定される。操業費用は，「在庫をスループットに変換するために支出した費用」であり，その要素としては，在庫以外のすべての管理可能な支出額を含むとしている。このことから，直接労務費，間接労務費の区別はない。また減価償却費も含まれる。特許やソフト資産は，それを何に使うかによる。もし，在庫をスループットに変換するために利用されるのであれば業務費用である。

　この３つの尺度からなるスループット会計は，なぜ TOC に貢献するのか，これが重要な関心点であろう。以下のように整理できる。

　(1)　既存の原価計算が，スループットを上げることを妨げていることが指摘できる。「スループットを上げようと思ったらボトルネック工程に人を配置するのが合理的である。原価が上昇しても，売上があがってキャッシュフローが増えれば問題ない」。

　(2)　既存の原価計算は作業の稼働率の大小を問題にし，稼働率の向上は単価を引き下げる。これは，ボトルネックの工程でない場合には，むしろ在庫を増やすのみで，経営目的には貢献しない。そこで，「資源の貢献と稼働とは同義でない」。資源の貢献とは，工場が目的に近づくように資源を使うことである。一方で，資源の稼働とはスイッチを入れることである。それによって恩恵があるかどうかは関係がない。実際，非ボトルネックを最大に稼働させると最大の愚行となる。すなわち，各資源の最適化を追求しないことになる。

　(3)　既存の原価計算は直接労務費を変動費とみて，直接工の加工時間を最大化する。しかし，従業員はいったん登録されると，手空きが増えようと給料の支払は同じである。部品を生産していようが，手待ちであろうが，運営

費用は変わらない。しかし，過剰在庫には金がかかる。

　(4)　ある程度まで改善が進むと，需要にあわすためには，バッチサイズを引き下げることが必要になる。ところが，これは段取り時間をたくさん食ってしまう。たとえば，バッチサイズを半分にすると，段取り時間が2倍になり，直接労務費はむしろ増加する。これは，原価計算のうえでは，間接費の配賦基準に一般的には直接作業時間数が使われているので，「直接作業時間数×配賦率」でマイナスのシグナルとなる。しかし，材料が工場に入り，製品になるまでの時間は，①段取り時間，②加工時間，③停滞待ち時間（これは資源が別の部品を加工するのを待っている時間），④品揃え待ち時間（資源でなく，一緒に組み立てられる別の部品を待っている時間），と考えられる。そのうち，ボトルネックの工程を通る部品では，停滞待ち時間が主要な時間である。そこで，ボトルネック工程への材料の供給が過剰にならないように控えているので，非ボトルネックの工程は手空き時間がある。したがって，非ボトルネック工程では，段取り回数を増やすことは能力という点で問題はない。非ボトルネック工程の段取り回数を節約しても，工場全体は少しも生産的にならないことになる。

　このようにゴールドラットの上記の指摘は，既存の原価計算に対して，それが従業員の行動に与える負のインパクトを指摘し，むしろTOC理論を実施するために，企業経営の方針，考え方，それに伝統的原価計算のルールを管理指標にすることを厳しく批判しているといえるだろう。もちろん，これは，すでに第1節でも指摘したとおり，TOC理論における仮定が成立することを前提にしており，必ずしもすべての製造業で起こることではない。また，直接費でなく，材料費のみで製品原価を計算すること以外に，バックフラッシュ原価計算などの方法も十分に考えられる（大塚[1994]）。また，原価計算は，原価管理機能という点では，むしろキャパシティ制約のもつ意義や測定システムとしての限界はすでに指摘されているともいえる（宮本[1990]）。しかし，これほどまでに的確に既存の生産システムの課題を示し，管理会計の機能と原価計算の限界を指摘したのはまさにTOC理論の成果であるといってよいであろう。

4 スループット会計とABC会計

スループット会計は，原価計算というより，キャッシュフロー会計であるともいえる。一方でABC（activity based costing）は，まさに伝統的な原価計算に代わる，活動を基礎においたより精密な原価計算である。しかし，アメリカでは，この2つを相反するシステムとしてみるよりも，両者の併用なり統合を意識した見解も表明されている。たとえば，① 短期の資源が固定された状況でのスループットの最大化をめざすTOC理論が妥当する状況での問題と，すべての長期の資源が変動費とみなせる場合における資源配分，セールズ・ミックス決定でのABCからのデータの活用とを区別し，システムとしての併存を考えることができる。② 混合整数計画法による制約付きの最適化問題を考えるうえで，資源ドライバー分析，制約の特定化はともに必要であり，また感度分析においては，資源の余裕率の検討もABCのデータが必要といわれている（浜田 [1998]）。③ スループット会計は，サイクルタイムを削減することで，生産性の向上とキャッシュフローの増加に貢献するが，ABCはそのサイクルタイムの削減を全体的にみてどの程度の効果があるのかに関する費用・便益分析に貢献するという（Huang [1999]）。④ 生産システムのキャパシティの非制約・制約になりうるものを特定化するうえで，ABCの活動分析は有効であり，それによりTOCの実施は容易となる。また，TOC理論実施の第5ステップでのABCデータによる探索への活用（第2節）に有効である。

しかし，TOC理論にそった生産管理では，資源の多くが固定化された状況であり，またアウトプットそのものの開発・新規性は前提にされていない。むしろ，安定したプロセスなりアウトプットをある程度は前提としている。しかし，ABCは，アウトプットそのものの開発や，そのための資源のアウトソーシングの戦略的妥当性の検討といった課題には有力であるが，TOCが適応される戦術的な内外作（短期的な視点からのアウトソーシング），さらには市場が異なる場合のスループット最大化のための販売方法には，適応困難であることが指摘されている（Kee [1998]）。さらに，原価企画のような

市場重視のための開発における原価低減については，スループット会計は当然ながらほとんど関係しないであろう。このようなことから，スループット会計とABCは，時間軸の上で棲み分けが重要であり，適用される産業タイプごとの市場でのダイナミズムの相違により，補完的な関係があるといえるだろう。

，

ま と め

TOC理論は，日本ではあまり実務的には評価されているとはいえないであろう（2000年代に入り訳書が出版されて，状況が大きく変わってきた）。しかし，欧米とりわけアメリカでは，実践的な理論であり，思考プロセスそのものを革新するうえでの方法論としても高く評価されている（APICS〔アメリカ生産・在庫管理学会〕で高く評価されている）。日本でも今後，改善手順を思考するうえで，あるいはプロジェクト・マネジメントでの事前の戦略的な思考をするうえでの方法論としても必要なものとなるだろう（稲垣〔1998〕，小林〔1997〕）。日本人の最も苦手な，矛盾や混乱する手段や解決方法の関係を仮説化して，関係を明示化し，本質を解き明かすためのステップとして利用できることなどがあげられるであろう。また，過剰生産にしばしば陥る日本企業の現状や同質的・同時的な行為を重視する企業文化に対して，ビジネスの価値観をもう一度，再吟味する方法論としてもその意義は小さくないといえるのではないだろうか。さらに重要な点は，生産技術の変化による管理会計技術の適合性喪失問題に関する本質的な課題・指摘として，その理論的な検討を必要としていることである。もっとも，トヨタ生産方式にはすでにスループットの考え方，TOCの考え方が存在しているという意味では，日本でTOC理論を熱狂的に迎えるという新鮮さはないであろう。しかし，もう一度，原点に戻りわれわれの生産方式や生産の意義を再構成するうえで，さらにサプライチェーン・システムといった開発・購買・生産・販売をトータルに金のなるシステム（ビジネス・ポートフォリオとしてのとらえ方に注意）として考えるうえでも，重要なアプローチであるといえるのではないだろうか。

〈参考文献〉

Goldratt, E. M. [1987] *The Goal : A Process of Ongoing Improvement,* North River Press.

Campbell, R. J. [1995] "Selling time with ABC or TOC," *Management Accounting,* January, pp. 32-35.

Salafatinos, C. [1995] "Integrating the Theory of Constraints and Activity-Based Costing," *Journal of Cost Management,* Fall, pp. 58-67.

Umble, M. M. and E. J. Umbe [1995] "How to Apply the Theory of Constraints' Five-Step Process of Continuous Improvement," *Journal of Cost Management,* Sep.-Oct., pp. 5-14.

Holmen, J. S. [1996] "ABC vs. TOC : It's a Matter of Time," *Management Accounting,* January, pp. 37-40.

Macarthur, J. B. [1996] "From Activity-Based Costing to Throughput Accounting," *Management Accounting,* April, pp. 29-38.

Ruhl, J. M. [1996] "The Theory of Constraints within a Cost Management Framework," *Journal of Cost Management,* Vol. 11, No. 6, pp. 16-24.

Westra, D. and M. I. Srikanth et. al. [1996] "Measuring Operational Performance in a Throughput World," *Management Accounting,* April, pp. 41-47.

Demmy, S. and J. Talbott [1998] "Improve Internal Reporting with ABC and TOC," *Strategic Finance,* Nov., pp. 18-24.

Kee, R. [1998] "Integrating ABC and The Theory of Constraints to Evaluate Outsourcing Decisions," *Journal of Cost Management,* Jan.-Feb., pp. 24-36.

Huang, L.-H. [1999] "The Integration of Activity-Based Costing and The Theory of Constraints," *Journal of Cost Management,* Nov.-Dec., pp. 21-27.

宮本匡章 [1990]『原価計算システム』中央経済社。

大塚裕史 [1994]「バックフラシュ・コスティングの行動意義——JIT 環境における原価計算」『産業経理』第 54 巻第 3 号，61～69 ページ。

門田安弘 [1994]『原価企画と原価改善の技法』東洋経済新報社，第 27 章「現場改善活動」。

稲垣公夫 [1997]『TOC 革命——制約条件の理論』日本能率協会。

小林哲夫［1997］草稿集『戦略管理会計システム講義体系』第 6 章「制約の識別・克服と継続的な改善活動」。

浜田和樹［1997］「TOC の管理会計上の意義」『会計』第 151 巻第 5 号。

稲垣公夫［1998］『TOC──クリティカル・チェーン革命』日本能率協会。

菅本栄造［1998 a］「スループット会計が導くキャッシュフローの最大化」『DIAMOND ハーバード・ビジネス・レビュー』11 月号。

菅本栄造［1998 b］「制約理論が管理会計におよぼす影響」『産業経営』第 58 巻第 1 号。

浜田和樹［1998］『管理会計技法の展開』中央経済社，第 3 章「TOC 理論の管理会計上の意義」。

加藤治彦・竹之内隆・村上悟［1999］『TOC 戦略マネジメント』日本能率協会。

第8章 SBUの管理会計

は じ め に

　前章で，生産に関するスループットを短期的に改善するための理論とその適用について考察した。本章では，中期的な視野に立って競争力を強めるための仕組みとしての SBU（strategic business unit：戦略的事業単位）組織の意義と，中期的な収益力を高めるための方策として，SCM（supply chain management）の改革でなく，価値連鎖の改革における企業改革とそれに必要な管理会計の仕組みを考察する。考察に際しては，組織の新たなマトリックス化を 1 つの材料にして検討することにしたい。なお，組織のマトリックス化には，1970 年代にアメリカで，既存の組織を前提に特定のプロジェクト遂行のために，定時の組織の上に臨時的・アドホックな組織を追加するマトリックス型があったが，ここではそれとは異なりある程度まで恒常的に組織が 2 つの権限ラインをもつ組織を前提にしている。ガルブレイス，ネサンソン[1989]によれば，「このタイプの組織が追求する戦略は，複数ある多様性の中から 2 つ以上の要因に同等以上の優先順位を与えるという戦略である」として，地域と事業のつながり，機能と事業などの関係づけを説明している。

1　現在の組織改革の流れ

　このような 2 つ以上の関係への組織の同時的な対応は，業績評価，報酬シ

ステム，人事など，管理会計システムにかかわる部分に大きな変革を求めているように思われる。たとえば，最近の企業改革をみても，組織の価値を生み出す仕組みは，垂直統合といった価値連鎖の縦断的な仕組みを1つの指揮命令系統の下に統治するのでなく，緩やかな提携や特定の製品・サービスに限定した顧客・供給契約を締結する場合が多い。これは，組織間の取引関係を市場を前提にしたものから1つの組織に取り込むのでなく，その中間に位置する関係（市場取引と組織的取引との中間的な取引）として利用するものである。一方で，そのような緩やかな関係により，大企業はこれまでの加工・組立・品質管理を中心にした付加価値を創造する仕組みから，マーケティング・企画・開発・品質管理・アフターサービスなどのサービス活動を中心にした組織構成に移っている。すなわち，恒常的なもの作りは，むしろ特定の注文を迅速にこなす子会社，あるいは製造の専業会社（最近では，この具体例として，EMS〔electronic manufacturing services〕という電子・コンピュータ業界での生産専門会社がある）にまかされる。もの作りのための仕組みのすべてを抱え込むことから，品質保証に直結した部分や開発・設計などに密接にからむ部分を除くもの作りのプロセスが，企業を超えて分業化されているのである。

このようななかで，組織は，固定的で安定的な城としての特質から，柔軟で変動的なアメーバの集合というような，独立的であるが，しばしば組替えが行われたり，融合がなされる単位が集まったものに変質している。これが，ここでいう緩やかなマトリックスである。

2 現在のマトリックス組織

A社（コンサルティング会社）では，各専門職能を担当する部門と市場での製品創造・顧客創造を行うプロジェクト組織（鈴木［1998］）とが，いずれもプロフィット・センターとして機能し，前者では，各専門職員にレイト（時間当たり単価）が設定され，部門長はプロジェクト・マネジャーの要請に応じて労働資源の販売を行う。また後者のプロジェクト組織は，購入した労働資源を利用して顧客にあった製品を企画し，コンサルティング・サービス

と一体で顧客に販売する。プロジェクト組織は，マーケティングを担当してより優れた商品を開発し，それを顧客のニーズにあうようにカスタム化し販売を行う。一方で，職能部門組織は，プロジェクト組織が将来要求するであろう労働資源を育て，それをできるだけ高いレイトで売れるように能力のアップを図り，また実際に売ったときには市場での評価以上のものになるように，さらに育てることが必要である。この職能組織もプロフィット・センターで，コストのほとんどが人件費と人材開発費用である。ここでは，2つの種類の組織はいずれも，市場で決まるコンサルティング商品価格を基礎に商品企画と商品販売を行うことになる。

  プロジェクト単位：商品市価－必要本部利益＝目標総原価

  目標総原価＝企画・販売組織収益

    ＝（企画・販売組織目標原価＋企画・販売組織

     利益）＋職能組織振替収益

  職能組織振替収益＝職能組織目標原価＋職能組織必要利益 (8-1)

$$職能組織目標原価 = \sum_{ステージ\,i=0}^{ステージ\,i=n} \left[(単価 \times 時間) \times 人数 \right.$$

$$\left. + \sum_{活動\,i=1}^{活動\,i=n} (活動原価) \right] \qquad (8\text{-}2)$$

 プロジェクトの実施要員を派遣する職能部門では，そのプロジェクトの段階で，必要な人員数，技能からみた単価，それに活動費（プロジェクトにかかる間接費用）を計算して，振替価格の標準値を出していることになる。ただ，市場価値が基礎であるために，しばしば振替価格は必要利益を割ることも起こりうる。このような状況において，どのように事業単位は競争力（価格，品質，納期）を確保すると同時に，収益力を維持するのだろうか。マトリックス組織の場合は，ある程度，マネジメントに必要な情報として，活動あるいはプロセスベースの原価・収益情報を必要とするだろう。職能組織においては，(8-1)式，(8-2)式となり，これはプロジェクト損益計算である。

 そのプロジェクトに必要な資源の価格は，要素費用のレイトに反映する仕組みである。もちろん，市場での商品の販売価格が下がっても，要素費用のレイトを下げられない場合がある。そのとき，プロジェクト・マネジャーは，

ある生産要素については外部に仕事を委託する道も選択されるので，職能部門は常に市場で競争力のあるレイトで労働資源を提供できなければならない。そのためには，レイトは下げるのでなく，それ以上に工数を低減し，マンパワーの効率性と創造性を上げる仕組みを作る必要がある。レイトを下げないで内容を高めるためには，創造性を高める時間や場所を設定できることも必要である。また，インフラとしての共通設備費用が発生するので，そのような共通設備費用の職能部門への配賦問題（ABC〔activity based costing〕システム）もある。そのために，各職能ラインでの労働資源には，場合によれば，単なる労働時間のレイトでなく，間接費用が上乗せされている。

このようにして，2つの組織はクロスしながら運営され，いずれの組織もプロフィット・センターとして機能する。この組織では，課長から部長そして社長へ，さらに社長から別の部長・課長へというような垂直的な調整機構ではなく，プロジェクト・マネジャーと職能マネジャーとの商品の市場価格を基礎にした調整機構が重視される。この組織におけるこれまでの組織との顕著な違いは，この調整方法が，予算で決められたものから市場の状況に応じて柔軟に変更されていかなければならないことである。そのためにノーツ（notes）などの情報ネットワーク・ソフトを利用して，マネジャーが相対でコラボレーション（個人ないし組織のコミュニケーションを媒介とした調整活動）を行うことになる（佐々木・塘［1998］）。いまや，サービス経済が経済活動の50％（1995年以降，日本では約52％）を超える部分に及んでおり，このような擬似市場取引ベースの内部組織が非常に大きな意味をもちつつあると思われる。そこで，以下では，そのようなマトリックス化された組織の事例（A社の事例，鈴木［1998］）をみながら，それぞれの共通性と異質性，および管理会計の意義を検討しよう。

図表8-1の組織では，計算方法としてABCが利用されており，活動単位で原価が集計され，プロジェクトの価格，職能組織とプロジェクト組織の損益を算出するのに重要な手段となっている。

(1) 職能別部門は人的なサービスのみを製造する

(2) 職能別部門による「個々のサービス＝個々の活動」と考える

(3) 目的別部門は活動を組み合わせたサービスを製造し市場で販売する

図表 8 - 1　マトリックス組織と ABC

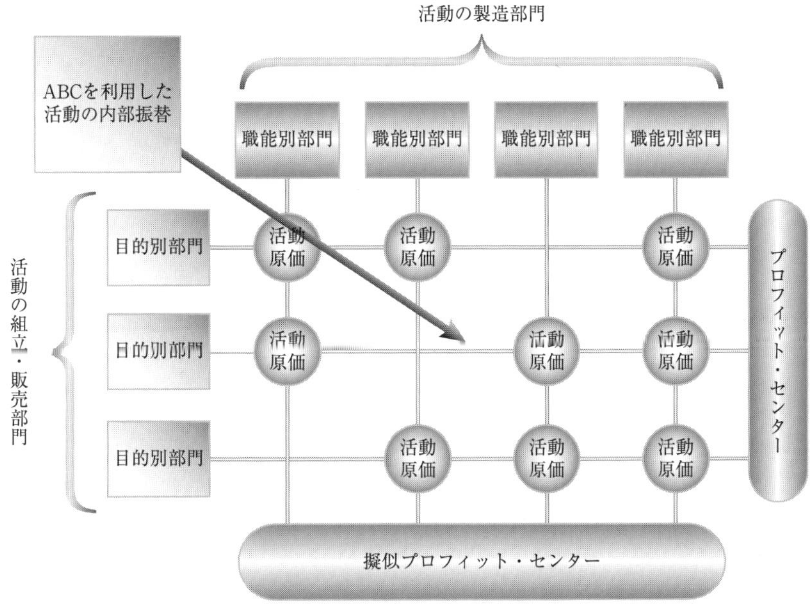

(出所)　鈴木［2001］99 ページ。

　職能別部門は活動という部品の製造部門であり，目的別部門は活動という部品の組立・販売部門とみることができる。なお，職能別部門が人的なサービス以外の財を目的別部門に提供する，あるいは「個々のサービス≠個々の活動」となった場合においても，基本枠組みは変わらない。

3　マトリックス組織の理論

　経済活動は大きくみると，市場取引と組織的取引に二分される。経済的な取引において，市場を選択するのか組織を選択するのかはどのように決まるのだろうか。これは，長年，経済学における関心事であった。それに重要な貢献をしたのが，ウイリアムソン（O. E. Williamson，ウイリアムソン［1980］）とコース（R. Coarse）の取引コスト理論である。彼らの研究は，なぜ資源配分で市場に代わって組織が選択されるのか，についての理論化であった。さ

らに，組織に対する関心が，製品別組織（M型）か職能別組織（U型）かという伝統的な区分に向けられた。M型と呼ばれる，資本市場の特徴を組織内に取り込むための組織は，多数事業部制組織とも呼ばれる。ここでは，資本市場での取引を阻害する要因である情報非対称性（たとえば，一般投資家は経営者の利益操作の可能性を知りえない立場にある）からくるモラル・ハザードによる膨大な取引コストを節約できる。たとえば，松下電器産業では，「ダム式経営」と呼ばれるとおり，各事業部が稼いでも，資金については一ヵ所に集中し，間接金融に頼らず自社で資金の最適配分をはかるメカニズムが形成されている。また，業務決定と戦略決定とが，このM型構造の実現により組織的に分離され，長期的な資源配分を考えることが可能になるので，企業の生存可能性が高まるともいえる。また，U型（職能別）では，取引に参加する外部企業は，購入品が特殊であればあるほど取引相手は限られるので，取引対象の少数性から機会主義的行動（取引相手が自社に有利なように取引機会を利用すること）が発生する状況が生まれる。

　取引においては，買い手はしばしば売り手のもつ商品情報についての非対称性にさらされることから，品質が劣るものを買ってしまう。すなわち，買い手に不利に働く。その一連の取引を内部化することで，外部市場で発生しやすい利益を損なう品質に関する不要な取引コストが，ある程度まで防げることになる。また，逆に，取引される商品が非常に特殊になると，供給者は取引相手が限られ，資産の固定化を招くことから資産特殊性が働き，買い手が有利になる。このことでも，供給の安定性と投資の継続性を維持するために供給事業と購入事業との垂直的統合化がなされることで，資産特殊性と少数性から生まれるモラル・ハザードが回避される。しかし，単純な統合では，各工程間でのもたれあい，さらには非効率性の保持が起こることから，プロセス別のプロフィット・センターを作ることで事業部間に競争を促すことになる。すべての部門を垂直的に統合するのでなく，少数性や機会主義的行動が問題になる場合にのみ事業部制による統合が組織的に求められることになると考えられる。たとえば，コア部品事業部と完成品事業部などは典型的な例である。

　しかし，このような情報の非対称性が少なくなり，固定設備などの在来資

産の特殊性が下がるとどのようになるのか。すべて組織的取引が市場に還元されるのだろうか。すなわち、できるだけ組織を小さくし、市場に取引を委ねることになるのだろうか。組織は、環境の変化や不確実性の程度に応じて、以上のような市場を前提とした取引から組織的取引を選択していくというのがウイリアムソンとコースの主張であった。前述した情報システムの進化は、距離・時間の壁を取り払い、さらにデータベースの強化によって、市場での探索・品質・検査、あるいは事務処理にかかわる取引コストを引き下げることにある程度有効であるので、組織の市場化を促すと思われる。また、一方で、グローバル経済の出現は、カントリー・リスク、為替リスク、財務上のリスクなど取引の複雑性が増大するので、取引コストの増加をもたらす。このことも、組織化を促す。これは、グローバルな研究開発とグローバルな生産システムやマーケティングを考えてみれば明らかである。前者では、深い知識や企業特有の知識が必要とされ、その生成のために組織的内部化を必要とする。しかし、単純な生産では委託やアウトソーシングが有効であり、マーケティングでは多様でローカルなニーズへの適応が問題になる。

　すなわち、資産特殊性の高いものや取引コストの高いものほど内部化され、資産特殊性の低いものは市場取引に任すことになる。このような環境の多様性と市場の変化のなかで、これまで以上に組織は、戦略的変化への適応を余儀なくされているといえる。たとえば、これまで有効な戦略の１つであったとされる多角化についても、既存の企業が別の市場や製品市場に進出するには、他社にない技術・ノウハウが求められる。その獲得のために既存の企業を買収することが必要になっており、その市場や技術についての深い知識が要求される。すなわち、これまでの組織以上に、事業変化への対応力をもつ組織が求められているのである。それは結局のところ、他社にない知識を開発し、それを顧客にあうかたちで市場価値にすばやく変換する、あるいは翻訳する能力である。それ以外の部分は市場取引をベースにして、外部での組織化に任せ分社し、もし必要ない場合は、他社に売り渡すか提携するという戦略である。

　企業組織は、この背反する市場原理と組織化原理をこれまで以上にクロスさせる経営を求められているといえよう。その例が、アセア・ブラウン・ボ

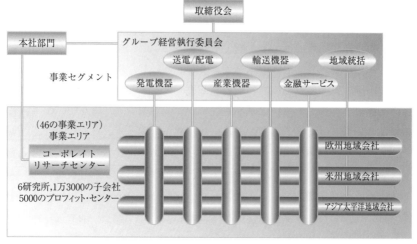

図表 8-2　アセア・ブラウン・ボバリ社のマトリックス型の組織運営

取締役会

本社部門

グループ経営執行委員会

送電/配電　　輸送機器　　地域統括

事業セグメント

発電機器　　産業機器　　金融サービス

（46の事業エリア）
事業エリア

コーポレイト
リサーチセンター

6研究所,1万3000の子会社
5000のプロフィット・センター

欧州地域会社

米州地域会社

アジア太平洋地域会社

（出所）　森本［1995］37ページ。

バリ（ABB）社，ヒューレット・パッカード（HP）社，松下電器産業など
にみられる。そこでの組織の特徴は，コーディネーション革命と呼ばれるよ
うに，組織が命令系統にそって各部分を調整するのでなく，取引コストを全
体的に最小化していくという意味で，プロセスを柔軟に調整する場を組織内
と組織間に生成することにある。たとえば，アセア・ブラウン・ボバリ社で
は，地域別組織と製品別組織がある（図表 8-2 参照）。アジア市場での重電
機発電タービンの納入競争が展開されると，地域ニーズをまずつかみ，それ
を製品事業組織に伝え，製品事業組織を横断したプロジェクトが立ち上がり，
チームベースで競合他社と競争する。地域マネジャーを中心にして，関連す
る製品連合が形成され，その製品入札競争に参入する。このとき，製品価格
は市場である程度決まるので，価格から目標利益を引いたトータル・コスト
を実現目標として，製品担当マネジャー間による各システム製造会社との
コーディネーションが重要になる。その場合，各製品別プロフィット・セン
ター長は，それぞれ得意なサブ・システム製品での価格・納期・品質につい
て相互に競争する。また，各サブ・システム品のうち，資産特殊性の低いも
のは市場から調達される。しかも，その種のデータは電子ネットワークによ

りデータベース化されており，各プロフィット・センター間で共有され，次の競争でそのノウハウはより強化される。

　三菱重工においても，各地域別製作所（製造組織）と各製品別事業本部（企画・営業組織）とがクロスしている。製品別事業本部は対外競争の窓口であり，そこで獲得した価格をベースに各製造プロフィット・センターとしての各製作所と営業・企画の製品別事業本部との交渉が行われる。交渉の基準は，より有利な条件を価格・納期・品質について，どの製作所が提示できるかである。ここでは，製品別事業本部を中心に調整がなされる。いずれにしても，内部組織間でのコーディネーションのためのコストが情報システムにより劇的に低下し，これまでタブーとされてきたクロス型の組織が非常に多用されている。

　それでは，各組織サブ単位は，なぜ利益センター，あるいは投資センターになるのだろうか。各ユニットは，市場での調整をしない代わりに，擬似市場的な調整をする。これは，公平な評価・客観的な評価を促すことと，それにあわせた自律的な調整権限を与えられていることに対応すべきである。消費者の嗜好や選好が一律で製品をプロダクト・アウトするだけであれば，企業は苦労しない。むしろ，その嗜好などが非常に曖昧で不確定であるからこそ，市場に近いところで調整せざるをえない。このために，利益責任単位の概念が，マネジャーを何によって動機づけさせるかを明確にするうえで必要になる。

　なお，狭い意味での利益センターでは，自部門への投下資本管理責任はもたない。フローとしての利益責任をもつだけである。一方，投資センターは，投下資本当たりの利益責任という意味で，ある一定の幅で資産投資権限をもつ場合の責任単位であり，ここでは，マネジャーは利益責任のみでなく投下された正味運転資本と経営固定資本（減価償却額を引く）の効率的な管理責任ももつことになる（この考え方は，EVA〔economic value added〕や超過利益法でも反映されている）。組織のマトリックス化は，この管理責任をある程度重複させることになるが，必ずしも2つの重複する組織が同じ程度の責任を負担するものではない。

　三菱重工では，地域別製作所も事業本部もともに基本的には投資センター

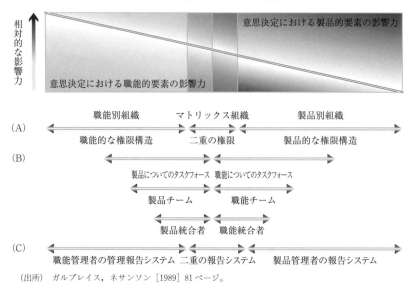

図表 8-3　調整メカニズムの影響力

（出所）　ガルブレイス，ネサンソン［1989］81 ページ。

であることから，いずれも計算上は投資利益責任をもつが，どの製作所に投資資金配分をするかの戦略的決定は事業本部がもつかたちになっている。

　図表 8-3 にあるように，原則的には，マトリックス化された組織では必ずしも職能と製品との影響力が一方に偏らず，ある程度バランスして行使される必要がある。そのために，権限（A），統合手段（B），それに報告システム（C）の工夫が必要となる。もっとも，この図表では，硬直した二重権限システムとしてのマトリックス組織とみるのではなく，ニーズとシーズの柔軟な調整を本社で行わないで SBU レベルで行うところの組織構造を想定していると考えるべきである。その意味では，営業・企画の組織が中心になり，顧客への提案と顧客情報・注文を獲得し（イノベーション・マーケティング・サイクル），それを最短の納期，最高の品質で製品に実現する（オペレーション・サイクル）ことを競争原理だけでなく協調原理によって行うべきだというマネジメント原理が存在するということである。

4 日本企業の事例

● 事例 ❶ 前川製作所 ▰▰

　前川製作所では，グループ分社制（10〜20人のマイクロ・プロフィット・センターが100個程度存在し，それらは13の地域別・市場別ブロック，全社ブロック〔前川総研〕で括られる）が採用されており，各分社は独法と呼称され，社内分社制とは異なる理念が付与されている。それは，各独法が競争するのでなく，相互に不十分な資源保持から，相手のみならず他の独法と協力することが重視されている。この経営体の特徴は次のように表現される（賴[1997]）。

(1) 激しい環境の変化に迅速に適応していくこと
(2) 全員に企業家精神をもたせるとともに，マイクロ・プロフィット・センター（独法）の社長については，トップ・マネジメントの育成という意味をもつこと
(3) マイクロ・プロフィット・センター化することにより，分社社長に倒産の脅威（大きな責任）がモチベーションを引き起こさせること
(4) マイクロ・プロフィット・センターにより相互の連絡がよくなり，共同体意識が高まったこと
(5) 資本金1億円以下の企業では，法人税・事業税の節税対策になること

　分社化により，本社で集中的に行われるのは人事・財務・情報システムである。分社に付与されているのは，残りのすべての業務である。その結果，たとえば，業績評価は本社集中で，各独法の業績と個人の報酬は必ずしもリンクしない。定年制もない。また，情報システムは本社から各分社に人が派遣されて設置され，すべて同じシステムで構成される。また，決済と融資はすべて本社の機能であり，投資，借入，また借入返済も本社に対して各分社から行われる。

　一方で，各分社は，地域独法と首都圏独法に分かれる。首都圏独法は，エンジニアリング分社，生産プロセス分社，そして地域独法は，コンサルティング分社，サービス分社である。各独法は，地域別の総研と呼ばれる調整のための会社を中心にブロックを形成する。そのなかでの会議体を通じて事業活動の調整が行われる。組織の特徴をいうと，各独法は，生産に関するプロセス分社（工程分社）と事業プロセス地域分社（コンサルティング・サービス，メンテナンス・保守，施工・企画）からなる。このために，事業部に対する本社のよ

うな統合システムはなく，個が集合することで全体を形成するようになっている。各独法は，10〜20人よりなるミニ・プロフィット・センター（もっとも，製造独法は100人以上のケースがある）である。

本社は，前述したように，ミニ・プロフィット・センターで行えない機能をもつ。人事，情報，広報，基礎研究，提携を行う。戦略立案は，全社会議体（企業化会議，開発会議，技術会議）で行われ，各地域ブロック代表を基礎に，前川本社が調整機能（集権化ではない）を担当する。

このような特徴から，地域独法と首都圏独法とは，実際の事業獲得では共同してプロジェクトを組み，受注・生産・施工・運転・アフターサービス（一貫業務遂行体制）を担当する。そのあと，各独法が機能分担することになる。

以上から，この組織は，必ずしもこれまでの伝統的な二重の報告系統を有するマトリックス組織とはいえない。むしろ，各個が自律的にかつ有機的に統合されているようなネットワーク組織とでも呼べる構成になっている。ここでは，各ミニ・プロフィット・センターが，単なる機能分社でなく，事業活動が地域と首都圏とのブロックのマトリックスで構成されている側面にとくに注目したい。すなわち，ニーズ開発・ソフトサービス充足を担当する地域分社会社と，シーズ開発ならびにハード開発・生産を行う首都圏分社との協力関係が存在するのである。

● 事例 ❷　松下電器産業

松下電器産業は，現代では典型的な事業部制国際企業である。製品事業部（もっとも，基本的製品事業部は一品一事業と呼ばれるように，商品別単位でしかも製品機能中心である）を基礎に発展してきた。各事業部は，それぞれカンパニーに所属し，各カンパニー（2000年4月に事業本部から編成替えされた）は，緩やかな市場セグメントに対応している。かつては，開発・製造を中心にした事業部と本社営業部門が中心であったが，国際化の進展につれて，本社機構が分社化され職能別分社（金融，技術など）となり，さらに営業機能については各カンパニーに移管された。その結果，市場あるいは技術を基礎に事業部と製造会社を束ねる社内・社外分社としてのカンパニー，主要な地域（ヨーロッパ，アジア，中国，アメリカ，アフリカ・中東）などを地域単位とする地域統括会社とその傘下にある国別の製造・販売会社からなる。この説明からもわかるとおり，第5章で説明したHOYAなどとよく似たマトリックス組織を採用している。

図表 8 – 4　地域本部と地域統括本社の位置づけ

```
          ┌──────────────────────────────┐
          │      松下電器産業本社            │
          └──────────────────────────────┘
   ┌──────────────┐   ┌──────────────┐   ┌──────────────┐
   │ カンパニー/事業部 │◄─►│ 欧州アフリカ本部  │◄─►│  職能本部      │
   └──────────────┘   └──────────────┘   └──────────────┘
                 ┌────────────────────┐
                 │  欧州パナソニック社     │
                 │   （地域統括）        │
                 └────────────────────┘
   ┌──────────────┐   ┌──────────────┐   ┌──────────────┐
   │  製造会社（15）  │◄─►│  販売会社（11）  │◄─►│  職能専門会社   │
   └──────────────┘   └──────────────┘   └──────────────┘
```

（出所）　浅田［1999］271 ページ。

　アメリカやヨーロッパでは，市場が大きいことから，本社からの指揮・命令
系統にある地域統括本社（地域単位での事業部制，販売会社の持株会社）のも
とに製造・販売の子会社が統合され，またアメリカでの製造会社は日本の関係
する事業部から支援と管理を受けており，製品事業部あるいはカンパニーの子
会社でもある。このほかに，2000 年から，半導体やテレビなどの事業部から
製造組織が分離され，事業部とは別の損益単位組織（社内 EMS）になってい
る。国内でのラインとしての事業部は，海外では地域と製品でクロスされたマ
トリックス組織を採用している。また，スタッフは，本社と職能別分社・カン
パニーに分化した。その結果，製造を含む各製品事業部は，海外においては製
造会社を管理し，地域統括法人とその傘下の販売会社と職能別分社の３つから
サービスを得，また支援を受ける構造となっている（図表 8 – 4 参照）。
　松下電器産業のマトリックス組織は，このように大きな括りとして製品別組
織（カンパニー），地域別組織，職能支援組織の３つの要素で形成されている。
　しかし，投資利益責任は，これまでは原則的に事業部であったが，現在はカ
ンパニーが中心になっており，製品別事業部は開発・企画・マーケティングを

担当し，またカンパニーが傘下の事業部の投融資について事業部間調整を行っている。そのために，事業部は資本投資についてはカンパニーによる調整，職能別本社スタッフによる調整も受けるかたちとなっている。

● 事例 ❸ ソニーとシャープ

ソニーとシャープは，野中・竹内 [1996] によればハイパーテキスト型組織であり，マトリックス組織とは異なるとされている。その理由は次のとおりである。

(1) マトリックス構造では，組織メンバーは同時に 2 つの部署に所属するか，あるいは報告する義務がある。それとは対照的にハイパーテキスト型組織のメンバーは，たった 1 つの部署に所属し報告する。

(2) ハイパーテキスト型組織では，ビューロークラシーとプロジェクトがそれぞれのやり方で知識を創造・蓄積するので，組織的知識創造は円滑に進むが，マトリックス構造はとくに知識変換を意識して作られているわけではない。

(3) ハイパーテキスト型組織では，レイヤーごとに異なる知識内容について時間をかけてより柔軟に組み合わせることができる。

(4) ハイパーテキスト型組織では，プロジェクトに期限があるので，プロジェクトの目標を達成するために資源とエネルギーをその期限内により集中的に使うことができる。

(5) プロジェクトはトップ直轄なので，トップ，ミドル，ロワーの間のコミュニケーションは，形式的な階層組織より時空間的に圧縮され，その結果として階層間で深く突っ込んだ対話が徹底的に行われる。

5 欧米の試み——アセア・ブラウン・ボバリ社のマトリックス組織

1987 年 8 月に，アセアとブラウン・ボバリの合併により，ヨーロッパの巨大エンジニアリング会社（アセア・ブラウン・ボバリ〔ABB〕社）が誕生した。その組織は，地域会社と製品事業部組織からなるマトリックス組織を採用し，地域のニーズと事業としての一貫性とを維持している。各地域には，総計で 5000 を超える利益センターがある。これは，事例研究によると，「合

図表 8-5　アセア・ブラウン・ボバリ社のスターモデル

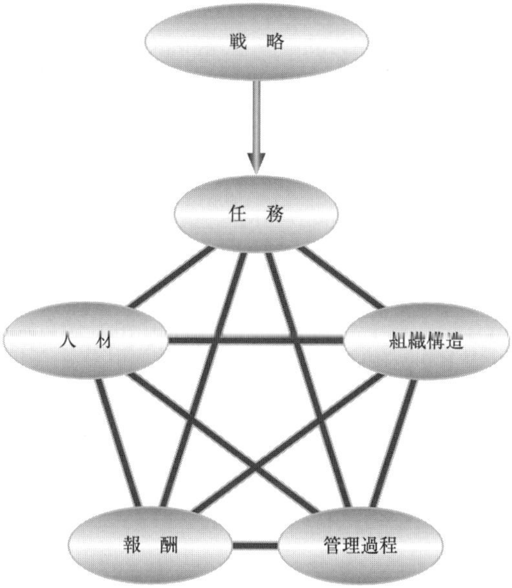

（出所）　ガルブレイス，ネサンソン［1989］113 ページ。

　併から 2 ヵ月以内に，事業分野（business areas：BA と呼称）を中心に構築
したグローバルな事業の視点と国ごとの持株会社の傘下にまとめた現地事業
体の国内市場の視点とをバランスさせたマトリックス構造」（慶應義塾大学経
営管理研究科ケース［1996］）を決定したとされている。その内容を簡単にみ
ると，まさにトップ・マネジメントが戦略的なビジョンを打ち出し，それに
あわせて組織の任務，人材，組織構造，報酬，それに管理過程を設計した関
係が強く描かれており，ガルブレイス，ネサンソン［1989］の主張する，
トップダウン型の組織デザイン戦略が明確に主張されている（図表 8-5 参
照）。
　この組織では，いったんデザインされると，実際の運営は，分権化により
徹底して下位のローカルなプロフィット・センターに委譲される。そのこと
を事例では次のように説明している。「（ウェスティングハウス社から買収され
たアメリカの一事業部は）ジャンス氏と最高経営責任者（CEO）との間では，

5段階の管理職があったが，ABB では，わずかに 2 段階にすぎない。ウェスティングハウス社では 3000 人規模の本社から課せられる官僚的形式主義に（事業部長は）絶えずいらだちを感じていたが，ABB では本社要員はわずかに 150 人の組織において自給自足の必要に適応しなければならなかった。ウェスティングハウスでは，決定はトップダウン方式であり，政治交渉によりまとめられていたが，ABB では，より多くの決定が下の方にまかされ，データや結果によって決まることをジャンス氏は知っていた」（慶應義塾大学経営管理研究科ケース［1996］）。

　しかし，一方で，集権的な側面も強調される。「責務の委譲を確約する一方，これと釣り合いをとるために，アカウンタビリティー（責任）も同じように重視されることになり，リンダール氏は，いわゆる『中央の条件の下での権限の委譲』を主張した。中央の条件とは，会社の統一方針と相互に合意された目標であり，リンダール氏はこれを枠組みと称している。たとえば，リンダール氏は管理者の行動の指針となるべき明確な確固たる価値体系を浸透させようとした。『結局，管理者は特定の上司や会社に対して忠誠を誓うのでなく，自分を信じ，満足と思われる価値観に忠実に行動すべきなのだ』と彼は述べている。彼の考える中核的価値とは，製品の質ばかりではなく組織のプロセスや関係の質を維持すること，事業が業界の第一線にとどまるよう常に技術の優秀さに専心すること，工場ばかりでなく組織のあらゆるレベルにおいて生産性と業績に貢献すること，そして以上の 3 つを達成する手段として人々——顧客と従業員の両方を信じること，であった」（慶應義塾大学経営管理研究科ケース［1996］）。

　このように，一定の理念と価値に裏づけられ，アセア・ブラウン・ボバリ社はマルチドメスティック戦略と呼ばれる，分権化とそれに対応した集権化を達成する。その関係は，石倉［1996］によれば，3 つのシステムのバランスにも関係する。すなわち，① ミニ・プロフィット・センターによる管理責任の明確化，② ABACUS システム（業績報告のための情報システムの名称）による，厳密な予算管理と目標達成への厳格で公平な評価，③ ノーツによる技術・管理・市場・製品情報についての自由な伝達と多様なデータベースの完備。

このうち，ノーツの利用については，次のような説明がされている。「プロフィット・センターという確固とした組織単位をベースに過去の実績をなるべく早く把握し，将来の手を打つためにABACUSが用いられているのとは対照的に，自由な組織単位で，将来のビジネスを志向して構築されたのが，ノーツを用いたコミュニケーション・システムである。ABACUSに比べてABBのユニークさが色濃くでないためにさほど知られていないが，ノーツを手段として世界各地にいるマネジャーのもつ顧客や競合などの情報，情報までになっていない体感，互いに関連する各事業，地域の知識や力をグローバルに共有し，リアルタイムに活用して，効率的かつローカルな顧客への密着，顧客満足の向上のための有効な情報システムである」（石倉［1996］137ページ）。

　これらの関係は，性格の異なる両者のシステムを共存させている点にあり，①規律と自由，②固定的と柔軟性，③決まった期限といつでもどこでも，④世界一律と自由奔放，のバランスである。

　しかも，このようなバランスの難しい関係を時間の流れでみると，本社スタッフの削減によるフラットな組織化，マトリックス体制の構築，ABACUSの導入と厳密な予算管理，顧客満足を重視するカスタマー・フォーカス・プログラム，ノーツを用いたコミュニケーション・システム，それに後に説明するABCの導入である。これは，単に導入の内容だけでなく，その導入順序も重要な側面をもつことが指摘できよう。

6　日本企業の挑戦

　アセア・ブラウン・ボバリ社に話を戻すと，システムとして，顧客満足，市場競争力ある価格などの観点から，トータル・コストの計算の精度が非常に求められ，それがABCの採用を促すとの説明がある。この場合のトータル・コストは次のように計算される。

　　　　トータル・コスト＝直接費＋管理費＋金利＋減価償却費＋為替リスク
　　　　　　　　　　　　　＋本社費用（全社レベルの研究開発費を除く）

　そして，ほぼ全額の間接費が，プロフィット・センター（アセア・ブラウ

ン・ボバリ社のプロフィット・センターは，投資利益責任ではなく，予算目標利益に対する実績利益であると思われる）になんらかのかたちで配賦される。これは，配賦が歪み問題（各プロフィット・センターの成果に見合った利益水準を必ずしも表示しないこと）を加速することでもある。

　なぜそのような計算構造をもつのか，その理由としては次の点があげられる。

(1)　トータル・コストで赤字になる事業は許されないために，各受注の利益ポテンシャルの計算や顧客との交渉において薄いマージンでビジネスを行う厳しさが実感される。

(2)　コストがすべてのビジネス・ユニットに配分されるので，正確に配分する姿勢が高まる。

(3)　スタッフ部門は競合できる価格で真の価値を提供しようとする姿勢が強くなり，支援業務の合理化が進む。

　これらのことから，それまでにも問題はあったが，トータル・コストが重視され，利益は「ネットマージン×販売量(もしくは1プロジェクト)＝((価格−トータル・コスト)/価格)×100」で算出されている。

　アセア・ブラウン・ボバリ社のようなエンジニアリング会社においては，消費財メーカーに比べて，複数のプロジェクトに共通する目にみえにくい管理コストの種類も多いために，各プロジェクトを業務活動全体のプロセスとして把握し，それぞれのプロジェクトの真のコストを把握することの重要性（石倉［1996］）が高いことになる。まさに「利益は，市場で決まる価格からコストを引いて確保する」状況になった。

　日本の企業はまだそこまでいっていない状況にあるが，最初に述べたコンサルティング会社では，職能組織とプロジェクト組織とがクロスし，相互に利益計算することで，お互いのプロセスの見直しが価格競争力を維持するために必要になり，それがプロジェクトの工数を低減させる切り口になっている。前川製作所では，もともとが非常に小さいミニ・プロフィット・センターという点で，ある程度プロセスをベースにした組織に近似する（もっとも，地域の独法はミニということから多職能化しており，購買と販売，サービスが混在している場合も多い）。したがって，プロジェクトに対応して，コスト

計算をする仕組みが比較的容易である。また生産独法については，プロセス別に異なる法人に分かれており，各製品別にコストを追跡できるようになっている。しかし，前川製作所をみると，個々の製品やプロジェクトで競争するというより，もともと，前川社長の言葉にもあるように，自社のニッチで活動を続けることで事業展開されており，コスト競争力でなく付加価値力が事業の強さを形成している。

　前川製作所は，ある意味では，差別化戦略を基礎にすることでユニークな位置を確保し，管理会計の仕組みは比較的単純であるが，分権化・自律化*を進める一方で，資本市場の期待，顧客への期待に対応することも強く求められている。

　　＊　自律化とは，他の単位に従属することなく，一定の目標や制約のもとで自由に行う権限が1つの部門に与えられる状態になることをさす。

　松下電器産業の分権化も，内部資本金制度と正味運転資本と経営固定資産をもとにした総資本（遊休資産を除く）に資本コスト・レイトがチャージされ，資本効率性を高め，資金効率を高めることが志向されている。さらに別の企業はよりダイレクトに，フリー・キャッシュフローを経営目標に入れようとしている。このような流れにおいて，資本市場での評価に耐えうる経営力と従業員の高い能力形成や満足，およびそれを引き出す公平な評価を両立するためには，日本企業はこれまで以上にマネジメントの目標と管理システムとの整合性を考える必要があるといえるだろう。その意味では，ここで考察した前川製作所，松下電器産業，それにアセア・ブラウン・ボバリ社は，管理会計の新たな検討課題，すなわちソフト化，サービス化，グローバル化が進展するなかで，管理会計における顧客満足を実現する1つの試みを示唆しているといえよう。しかし，ここで比較したアセア・ブラウン・ボバリ社と松下電器産業，前川製作所では決定的な違いがある。それは，アセア・ブラウン・ボバリ社では，ガルブレイス，ネサンソン［1989］のスターモデルが示すような，組織デザインについての全体と部分の整合性が強く意識されているのに対して，日本企業では，その意図がたとえあったにしても，全体最適の実現が経路依存的，すなわち過去のデザインやマネジメントの漸進主義を強く引きずっていることである。

管理会計を考えるうえで，同じ投資センターと呼称しても，日本型事業部の投資センターでの投資管理の目的と，欧米でのそれとは異なることに注意する必要がある。ここで取り上げた組織のマトリックス化は，日本流のグローバル環境への適応であり，ミニ市場を取り込むための組織デザインであって，試行錯誤をある程度繰り返した結果である。また，資本市場からの圧力がこれまであまり強くなかったことから，欧米流のキャッシュフロー最大化や投資利益率最大化を目的とはせず，正味運転資本の効率性をめざすかたちで投資センターが構築されたことなどにも影響されてきたことに注意する必要がある。

　このようにみてくると，管理会計は非常に多様な要素を考慮して設計されるべきことが示唆されている。しかも，ここでは，組織の1つのタイプとして古くて新しい試みであるマトリックス組織に注目してみたが，市場の要件と職能の要件をある程度等しく満たすことが求められていることは事実であろう。人はより自由を求める。また，顧客はよりサービスを求めている。この2つのバランスを考えることが，組織の生存にとって重要である。しかも，経済的組織は，資本市場から一定の評価を得ないと資本コストを賄えない。そのために，企業目標は，より競争的で，公開されたものになっている。

　その結果として出てきたものが分権的な組織であり，それは，一方で，経営の整合性という点で集権性を意図している。このバランスを，日本の前川製作所では，独法制というミニ・プロフィット・センターの集合体からなる組織で実現しようとしている。また松下電器産業では，3つの分社構造を基礎にした相互調整と，大きな括りとしてのカンパニーと呼ばれる投資センターベースの業績管理方式により実現しようとしている。

　これらのなかに共通な要素を求めるとすれば，次のような点があげられよう。

(1)　期間利益額管理から投資効率性管理による分権化へ
(2)　各会計責任センターに対する公平で自律化を促す評価システムへの移行
(3)　外部資本市場からの目標や要求に対する，受容と積極的なシステムによる対応（組織的戦略）

(4)　組織構成員への動機づけの重視とチーム的なマネジメント（新たな組織化原理）

(5)　チーム間の競争とチーム間の協力のバランスの側面

　同じとはいえないが，アセア・ブラウン・ボバリ社では，そのような考え方を，グローバル経営という観点でより徹底しているように思われる。もちろん，アセア・ブラウン・ボバリ社がすべての経営の手本ではありえないし，そのほかにもＰ＆Ｇ，３Ｍ，さらにはヒューレット・パッカード社などの有力な世界企業が存在する。しかし，経営が，スピード，適応，動機づけ，それに事業として適切な利益を獲得するには，分権化と経営体としての統一性をバランスさせる，共通理念にあわせた管理会計が必要といえよう。それは，利益計算システムの多元化の試みとそれを統合するマネジメント原理の確立であろう。

ま　と　め

　組織の新たなマトリックス化という流れを受けて，権限構造の二重性からくる調整の難しさを問題にした組織というより，市場原理と組織原理を絶えずバランスさせ，ネットワーク組織として市場に近いところで適応することと組織としてのコア競争力を巧みに強化することの矛盾をうまく解決する仕組みとして，マトリックス化の組織の試みを検討してきた。このような組織が，21世紀の新たな主流になるという保証はないが，これまで以上に多様でローカルなニーズを汲み上げ，一方で，専門化原理，規模の効果，それに資産特殊性からくる取引コスト問題を解決する試みとして，ルーズな結合を前提にしたマトリックス組織は重要な組織デザインであると思われる。その場合に，管理会計は，コスト計算を行うことで企業（企業グループ）のなかの事業部という島の経済性を計算するだけでなく，より積極的な投資・利益計算を個々の単位で行うことで，前述した矛盾する目標を達成すると同時に，組織構成員が自ら思考すると同時に公平に分配する道を提示しようとしているといえるだろう。もちろん，そのためのデザインを考えることこそ，経営者の最大の責務であるといえよう。

〈参考文献〉

Quinn, J. B. [1992] *Intelligent Enterprises,* The Free Press.

Gagne, T. E. [1995] *Designing Effective Organizations,* Sage Publishing.

Simon, R. [1995] *Levers of Control,* Harvard Business School Press.

Nadler, D. A. and M. L. Tushman [1997] *Competing by Design,* Oxford University Press.

ウイリアムソン，O. E.（浅沼万里・岩崎晃一訳）[1980]『市場と企業組織』日本評論社。

ガルブレイス，J.（梅津祐良訳）[1980]『横断組織の設計』ダイヤモンド社。

カンファレンスボード編（日本能率協会訳）[1980]『マトリックス組織』日本能率協会。

西沢脩 [1981]「高収入の原動力　松下電器の事業部制会計（上）（下）」『DIAMOND ハーバード・ビジネス・レビュー』4月号，6月号。

二神恭一・小林俊治 [1982]『マトリックス組織入門』早稲田大学出版部。

浅田孝幸 [1988]「コーディネーションと管理会計」『企業会計』第 40 巻第 3 号。

ガルブレイス，J. R.，D. A. ネサンソン（岸田民樹訳）[1989]『経営戦略と組織デザイン』白桃書房。

野中郁次郎 [1990]『知識創造の経営』日本経済新聞社。

金井一賴 [1994]「前川製作所」寺本義也編『フィールドスタディー——グループ経営，製造業編』中央経済社。

日経ビジネス編 [1994]「競争力を生む矛盾の哲学」『日経ビジネス』1月24日号，13〜22ページ。

田中隆雄編 [1995]『フィールドスタディー——管理会計』中央経済社。

日経ベンチャー編集部 [1995]「不況に強い人で経営」『日経ベンチャー』6月号。

森本博行 [1995]「ABB 超巨大企業と迅速に機動させるマネジメント・システム」『DIAMOND ハーバード・ビジネス・レビュー』11月号。

石倉洋子 [1996]「ABB 社のマトリックス組織」『DIAMOND ハーバード・ビジネス・レビュー』4月号。

慶應義塾大学経営管理研究科ケース [1996]「ABB の継電器事業：グローバルマトリックスの構築と管理」。

小林敏男・榎本悟 [1996]「日本型組織設計の現状と課題」『大阪大学経済学』

第 46 巻 1 号，17〜33 ページ。

野中郁次郎・竹内弘高 [1996]『知識創造企業』東洋経済新報社。

前川正雄 [1996]「独立法人化経営と『生かされている場』としての企業」『ビジネスインサイト』夏季号。

田中隆雄 [1997]『管理会計の知見』森山書店。

宮本完爾 [1997]「松下電器産業株式会社の海外経営活動の業績評価」吉田寛・柴健次編著『グローバル経営会計論』税務経理協会。

山田伊知郎 [1997]「R&Dにおけるプロダクト・マネジャーの研究」『研究開発マネジメント』3 月。

賴 誠 [1997]「カンパニー制の意義と課題」『滋賀大学経済学部研究年報』12月。

佐々木宏・塘 誠 [1998]「グループウェアとコーディネーション」『企業会計』第 50 巻第 3 号。

鈴木研一 [1998]「ABC/ABM とコーディネーション」『企業会計』第 50 巻第 3 号。

賴 誠 [1998]「独法経営とコーディネーション」『企業会計』第 50 巻第 3 号。

浅田孝幸 [1999]「組織のマトリックス化と管理会計──情報通信革命とコーディネーションの問題」浅田孝幸代表編集『戦略的プランニング・コントロール』中央経済社。

鈴木研一 [2001]「日本における ABC の現状と ABM の発展方向についての研究」大阪大学博士請求論文。

カンパニー別業績評価のための の管理会計

はじめに

21世紀を展望すると，大量消費・大量生産を中心とした供給ベースの時代から，消費ベース（浪費ではない）の時代に入ったといえるであろう。売る時代から売れない時代，マクロ分析ではとらえられないミクロ現象の重要性が指摘されている。たとえば，岩田一政は，「欧州諸国では80年代後半から90年代前半にかけて法・規制体系の思想革命が進んだ。コペルニクス的転換は，当初『コモンロー』の伝統をもつアングロサクソン諸国で起こり，ローマ法の影響の強い大陸欧州にも波及した。……思想革命は，競争や公平性など一般的な規範に基づき法・規制体系を再構築し，人々の間の合理的な対話，討論を通じて市民社会における法制度の信頼性を取り戻そうとする試みであった。規制改革は競争という一般的規範を基礎として人々の要求に対し敏感に反応する仕組みに改めることを指すものだが，政策決定過程の透明性を高め，民主主義を深化させることにこそ，その本質的な意義があるとみるべきだろう。……マイケル・ポーターと竹内弘高によれば，日本が苦境に陥ったのは，バブル崩壊や官僚のマクロ政策失敗が原因でなく，政府が競争を信頼せず企業も競争への誤った考えをもっていたというミクロ的な要因による」（『日本経済新聞』1999年5月31日）と論じている。

1 日本企業を取り巻く環境

　世界におけるグローバルな単一市場化の流れが加速する一方で，民族間の
コンフリクト，宗教の対立が激化し，政治的・社会的に地域や民族問題は無
視できない時代になった。すなわち，グローバル市場価値とローカル価値の
同時併存と対立の時代である。

　企業経営にもそのことが明確に現れはじめた。すなわち，グローバル化の
動きを最大限利用しうる企業とローカル性を最大限利用しうる企業の出現。
あるいはローカルとグローバルの相違をつなげうる企業が有利であること
（バートレット，ゴシャール [1990]）。たとえば，通信・情報では，集積回路
とそれを基礎にしたコンピュータ，およびソフト・ネットワークが通信と情
報の業際化を飛躍的に進めた。ネスレやロレヤルなどのヨーロッパの食品・
化粧品会社では，高いブランド力による消費者への浸透力と，実際の味や色
さらには嗜好のローカル化をうまく組み合わせる柔軟性が重要になっている。
しかも，このグローバルとローカルの2軸はけっして固定的でなく，緩和と
規制のバランスにより，大きく振れることもある。その恩恵の最大の受益者
は消費者であり，生産者でないという視点も重要であろう。もう1つの大き
な変化は，技術の進歩である。技術の進歩は，この規制と緩和のバランスを
崩す。インターネットは，電話と放送の壁を崩した。FAX が，通信におけ
るアナログからデジタルへの流れを先取りしたように，技術の進歩は通信・
情報革命を経て，次に環境問題を起点にして新たなエネルギー革命を早晩も
たらすであろう。

2 日本企業のこれまでの組織デザイン

　これまでの日本企業の変身は，おおむね生産システムの柔軟な進化として
遂行されてきた（吉田和男，『日本経済新聞』1992 年 4 月 28 日）。しかし，生
産システムのみで欧米なみの企業価値を実現することは，至難といわなけれ
ばならない。今後は，事業モデル（ソニー会長・出井伸之）そのものに新た

な戦略やアイデアが必要とされるといえるであろう。その事業モデルを支える1つが，組織デザインであるといえる。日本企業はこれまで，この生産システムを核にした組織デザイン改革を進めてきたといえる。しかし，それを事業モデルという視点から再構築することが必要である。ここでは，新たなモデル構築を検討する前に，これまでの日本企業の組織デザインを再検討したうえで，このモデルについて，21世紀のコアとなる部分を事例を通じて検討することにしよう。

　これまでのモデルとして，たとえば次のような分類があげられよう。第1のモデルは，戦前の財閥型企業グループである。ここでは，持株会社制度により経営の統治と執行の分離が行われていた。しかし，「財閥という，家族支配と持株会社の非上場，傘下大企業の支配権の少額出資での支配」などの特徴に加えて，市場での独占力の行使と産軍一体化への戦前の流れなどから，持株会社制度については長らくタブーとされてきた。しかも，戦前の財閥持株組織では，戦略機構と業務執行機構との分離は必ずしも明確ではなく，資本市場が未整備であることと，テクノクラートが十分に育つ前に戦時経済化による国家的組織統合が進められたことにより，敗戦によってそのモデルは終焉を迎えた。

　第2は，戦後の財閥解体により誕生した，財閥に代わる銀行中心の新グループ・モデルである。ここでは，株式相互持合いと間接金融による財務リスクのグループ・シェアリング（中谷巌），生産戦略重視の製造業をベースにしたグループ構成，グループ・レベルでの垂直統合による企業群と重複的なグループ間競争，オープンな海外市場でのグループ間競争，グループ全体の戦略なき多角化などの特徴をあげることができよう。

　第3は，産業財閥の戦後における再グループ化による企業群であり，これは，第2のグループと資本関係においてある程度重複するところもある。その特徴は，本業を中心とした関連する事業の集合体としてのグループ分社経営である。また別の面では，市場メーカー（消費財アセンブラー）を中心にして，部品や材料を提供する子会社群からなる緩やかな垂直統合による事業モデルを作り上げた。たとえば，日立グループ，松下グループ，川崎重工グループ，東芝グループ，古河グループなどをあげることができよう。そのう

ち，川崎重工グループでは，1960年代の初頭に川崎重工として再統合を達成し，鉄道車両，航空機，船舶，重機械，油圧機器の各事業本部を編成し，現在のカンパニー制に似た，各事業本部が独立会社に近い体制（人的な事業本部間の交流もほとんどなく，技術の横への移転も少ない）を早くから構築している。もっとも，カンパニー制がめざしているような，機動的で市場での企業価値を意識した経営には程遠いともいえる。

第4は，戦後急成長した新興ベンチャーである。戦後の小規模・零細企業から職能別組織を経て関連多角化による成長を実現し，それを強化するかたちで職能制組織から職能制を保持した事業部制組織へと短時間に進化を遂げた。たとえば，ソニー，ホンダ，京セラ，オムロンなどの電機，自動車，電子部品企業などをあげることができる。

本章では，このうち，第3と第4のグループでの組織デザインに注目する。なぜなら，これらの企業で採用されてきた組織や今後採用されると思われる組織が，日本企業の21世紀の組織と管理会計のイノベーションを示唆するだけの規模と影響力をもっていると思われるからである。すなわち，戦後のベンチャー企業群と戦後の製造グループ企業群とにある程度意識的に分けて，組織デザインと管理会計の課題を考えていくことにする。

最近の組織デザインの課題は，市場主義にどう応えうるのか，そのための経営者リーダシップはどうあるべきか，コアな競争力の中心である技術のソフト化や融合化にどう対応することが必要なのかといったことに関係しているように思われる。このような課題から，第3グループの企業でも第4企業グループでも総じて，事業部制からカンパニー制や純粋持株会社制への移行が射程に入っている。そして，そのような組織デザインの意義は，①市場主義といわれるように，資本市場で要求される株主価値を実現するためにその事業業績と付加価値水準に見合った事業区分をベースにした分権化の仕組みづくり，②経営者の役割として，企業戦略策定責任と業務執行責任の分離と明確化，③企業価値の継続的な実現を図るために新たな付加価値としての新技術・知識財の獲得と強化のための仕組みとしての分権化，④それら課題を実現するための業績評価制度の事業価値との関係づけ，などに現れている。

そのような括りでみると，第3グループと第4グループの違いは，些細な
区分である可能性はある。しかし，いまや，第4グループを中心にした，花
王，HOYA，ソニー，TDK，オムロンなどの一連の組織改革は，第3グ
ループの旭化成，川崎重工，日立，NECといった製造企業グループの改革
をもさらに進めている1つの原動力であるともいえる状況である。もっとも，
第3グループでも市場適応との関連性について違いがあり，それが結果的に
異なる組織デザインの採用につながっているとも思われる。たとえば，日立
と東芝は，ともに重電機・家電のライバルであった。しかもいずれも，市場
主義に早くから対応した組織デザインを模索し，とりわけ日立では比較的長
い期間にわたり，工場別のプロフィット・センターと販売・マーケティング
を行う事業部制を採用した*。一方で，東芝は，組織デザインを技術開発責
任，商品企画責任，利益責任との有機的関係づけを意識した体制に比較的早
く転換しているといえる（田中編 [1995]）。技術・商品開発と製造のための
プロフィット・センター組織との相互関係，あるいは全社戦略からみた開
発・製造・マーケティングの組織的統合度に，これら2つの日本を代表する
企業グループで相違があると思われる（図表9‐1，図表9‐2参照）。

> ＊　日立のスタッフ事業部制と工場利益センター制については，小倉 [1990]
> に詳しい。彼によれば，「製品グループ毎に設けられた16の事業部とそれら
> の管理下にある26の工場と10の分工場を中心としている。形の上では，事
> 業部制を採っているのであるが，かつて『スタッフ事業部制』と呼ばれたよ
> うに，事業部の管理上の位置付けは利益責任単位ではない。むしろプロフッ
> トセンターとして機能する工場が経営単位としての役割を果たしていると
> 言った方が正しい」（8ページ）という。

　図表9‐1は，1999年3月末日時点での日立製作所の組織図である。この
あと，1999年4月1日から3つの大きな組織変更を実施している。第1は，
ライン組織である。事業グループを10グループ（電力・電機，産業機器，昇
降機〔2000年にビルシステムに改変〕，情報通信，デジタルメディア，家電，ディ
スプレイ，半導体，自動車機器，計測器）に，そのあと2000年には15グルー
プ（電力・電機，産業機器，ビルシステム，金融・流通システム，産業システム，
公共システム，通信・社会システム，情報コンピュータ，デジタルメディア，家

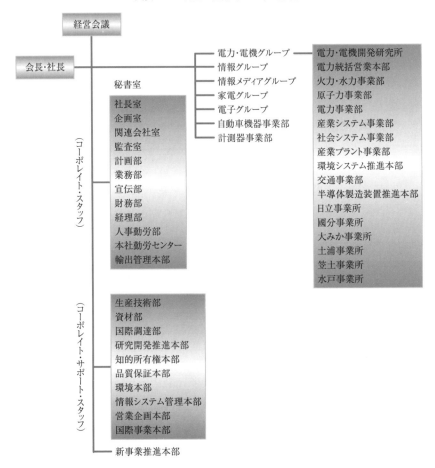

図表 9 - 1 　日立の組織（1999 年 3 月末）

経営会議

会長・社長

（コーポレイト・スタッフ）

秘書室

社長室
企画室
関連会社室
監査室
計画部
業務部
宣伝部
財務部
経理部
人事勤労部
本社勤労センター
輸出管理本部

電力・電機グループ
情報グループ
情報メディアグループ
家電グループ
電子グループ
自動車機器事業部
計測器事業部

電力・電機開発研究所
電力統括営業本部
火力・水力事業部
原子力事業部
電力事業部
産業システム事業部
社会システム事業部
産業プラント事業部
環境システム推進本部
交通事業部
半導体製造装置推進本部
日立事業所
國分事業所
大みか事業所
土浦事業所
笠土事業所
水戸事業所

（コーポレイト・サポート・スタッフ）

生産技術部
資材部
国際調達部
研究開発推進本部
知的所有権本部
品質保証本部
環境本部
情報システム管理本部
営業企画本部
国際事業本部

新事業推進本部

電，ディスプレイ，半導体，自動車機器，計測器，ie ネットサービス）に分散化
し，資金管理，損益，資産管理，コア技術開発管理の権限を事業グループ長
に移している。第 2 に，コーポレイト・スタッフを大きく括り，5 つの部に
まとめた（経営戦略機能，コーポレイトコミュニケーション・法務機能，財務機
能，人事開発機能，監査機能）。第 3 に，コーポレイト・サポート・スタッフ
を整理し，8 つの部にまとめ，残りの機能（生産技術，資材，研究開発推進本
部，知的所有権本部，営業企画本部）などを，事業グループの傘下におくか，

事業グループと同等（研究開発本部，知的所有権本部）の位置づけに変更した。この図表で特徴的なのは，日立では，電力・電機という大型のプラント事業については，依然として，事業所（工場）が事業部と並列であり，工場損益を基礎にしたシステムを維持していることである。これは，事業環境の特殊性（官庁中心の需要や高額でしかも個別受注品である）にもよるが，このような組織編成がかつての日立ではすべての事業グループあるいは事業本部で通常であったと思われる。なお，情報通信やデジタルメディア・グループでは，事業グループ―事業本部（営業統括本部と事業本部）―事業部という関係で，工場損益の重要性はなくなり，本部が事実上の経営調整機能をもっているようである。

　一方，東芝では，事業本部制と技師長制度により，事業分権と技術的統合との関連性が戦略的に確保されてきた（山之内［1992］）。また比較的早くから（1970年代初頭），事業本部あるいは事業部に事業権限・責任を集中する体制が作られてきた。それが1990年代になると，西室社長（当時）の「集中と選択」に表現されているとおり，組織編成の原理に新たな分権化の考え方が入り始める。すなわち，カンパニーと呼ばれる社内分社を核にした大きな括りで分権化する考え方である。それは，これまでの技術と事業との関係にも転機をもたらした。すなわち，カンパニーに技術も分散され，まさにカンパニーこそが独立した事業体を構成することになる。グループの関係会社は，そのカンパニーの傘下に入ることで位置づけも明確化する。東芝の最近の組織図は，図表9-2に示されている。

　他方，日立は，その研究能力と知識ストックの大きさにもかかわらず，それをどう事業に生かしていくかについて苦心していた。その結果，1980年代になり工場から事業部中心の運営が行われ，90年代に入ると，大きな市場環境の変化に後押しされて大きな括りのカンパニー制，さらには持株会社の採用を志向することになる。

　第4グループはどのように展開されてきたといえるだろうか。第4グループのソニーは，1950年代の工場組織から始まり，機能別組織，開発型事業部制組織と工場分社制，事業本部制，そしてカンパニー制へと進んできたと思われる。当初は，技術中心のプロダクト・アウトから出発し，幾多の失敗

図表 9-2　東芝のカンパニー制（2000 年 10 月）

		iバリュークリエーション社	関係会社
株主総会		情報・社会システム社	関係会社
	監査役会	デジタルメディアネットワーク社	関係会社
取締役会		電力システム社	関係会社
		セミコンダクター社	関係会社
社　長		ディスプレー・部品材料社	関係会社
	本　社	医用システム社	関係会社
		家電機器社	関係会社
	高度専門集中サービス部門	昇降機システム社	関係会社
		東芝キャリア㈱	関係会社
		東芝テック㈱	関係会社
		東芝ライテック㈱	関係会社
		関係会社	
		関係会社	

などを学習し，やがてマーケティングを重視し，消費者の要求あるいは消費者と新技術を結びつけることに腐心してきた。そのために，市場から学習し，市場の要求する商品を作るために技術開発を行うという，技術とマーケティングの相乗効果が大きかったといえるだろう（山之内［1992］）。すなわち，資源蓄積がマーケットのニーズに対応して行われる組織デザインを比較的に早くから採用したといえる。

　それでは，このような一連の組織デザインの変更は，管理会計でどのような意義をもつのであろうか。

　(1)　分権的な組織デザインの意義は戦略により異なるのかという点については，第3グループでは，高い品質の標準化された製品のプロダクト・アウト戦略に成功し，そのために1980年代までは工場事業部制が有利に機能したと解釈することができる。そして，戦略の変更（生産戦略から事業別戦略へ）とともに，新たな組織と管理会計が模索されている。また第4グループ

では，市場ニーズと製品企画を統合する開発事業部制が長らく有利に機能したといえるだろう。現在は，それにより磨きをかけるために，開発・デザインといった知識マネジメントを事業の核としたカンパニーが求められている。

（2）したがって，どの環境要因の変動に対して柔軟な組織であるのかについては，第3グループは，製品企画やマーケティングはある程度所与として，生産技術・製品開発技術の進化とそれらの統合（複数の技術を組み合わせたシステム商品）に対応しようとする。第4グループでは，分化した商品ニーズに対応する細かい市場セグメントに対応する開発事業部の創出と，一方で企画・開発とは切り離した生産による規模あるいは量産の利益の享受が追求される。

（3）さらに，経営者の戦略的意図がマネジメント・コントロール・システムに反映されているのかという点については，第3グループでは，工場プロフィット・センターと営業収益センター，それにカンパニー本社における製造・販売の調整が指摘できる。工場では品質を重視し，コスト管理を自主的に行う TQC チームの活躍と工場別損益管理を重視したシステムが確立された。一方，第4グループの電機・電子を中心とする産業企業では，生産中心の組織から，企画・マーケティングを中心にした組織編成にあわせた管理会計を志向していたと思われる。たとえば，1970 年代の事業部制の研究においても，組織の変更・改変が非常に頻繁に行われているのは，ソニーやオムロンといった電機メーカーである。一方で，それらの企業の生産組織は，コスト効率性を追求することと労務コスト管理から，早い時期に生産専門会社へとその機能は移転されている。そして，本社あるいは事業部組織は，企画・営業・開発を中心に組織運営が図られ，それらの間接費を回収するために，製品は製造子会社から出荷され，事業本部で開発費・研究費が付加され市場に販売される仕組み（事業本部仲介営業）が形成されたと思われる。

もっとも，戦後の事業部制は，大手製造企業の間にそれほど差がなく，1990 年代の初頭に始まったカンパニー制とそれまでの事業部制とを区別する見方もある。その場合には，生産事業部制とカンパニー制との違いに注目することもできよう。この生産事業部制を次に説明することにしよう。

3 生産事業部制

　第3グループの事業部制では，管理会計はコスト・マネジメント中心であり，1970年代，80年代は工場管理会計として機能してきたといえる。たとえば，工場，事業部，本社営業部の関係は次のようになる。

　工場は「仕切価格×生産量」で売上を計上し，そこから製造原価とその他の費用を引いて工場損益を算出する。工場にはセールズ・ミックスの決定権限はなく，また売上高責任もないので，単位原価責任と操業度維持責任をもつ。そのために，操業度差異は配賦されない。このような利益単位は，一般に疑似利益センターと呼ばれる (Cooper [1998])。なぜなら，利益に影響を与える短期的な投入・産出の決定権限を有しないからである。

　一方，事業部は，セールズ・ミックスや売上高の決定のほかに，製品設計・技術開発責任と生産設備の投資責任をもつ。工場生産額は，全額，事業部が仕入れる。事業部売上高は，社内売と社外売に分かれる。事業部管理費以外に，本社からのサービス費用や研究費などが事業部損益に加算される。事業部長の大きな責任は，事業部純利益と事業部売上高である。事業部売上高は，事業部自体が必ずしもすべての販売責任を有するものでないが，営業部（本社）は手数料ビジネスと位置づけられるので，製造事業部が販売の基本的責任をもっている。営業部は，営業収入を得ることによる社内販売商社として位置づけられるのである。売上予測，将来品の受注などの責任をもつが，直接に工場出荷後の在庫の責任をもたないケースが多い。そのために，営業部は利益責任が希薄であるが，顧客との関係は密で，しばしば事業部と受注や商品企画で対立する。営業部の下には，地域別営業所や顧客別営業部が展開されている。また支社や販社には，営業部の人員と事業部の人員が配置されている。これは，利益責任が事業部にあることによる。事業本部が営業部と製造事業部を包括する単位として設定される場合，それは複数の製造事業部と営業事業部とを統括する単位であり，特定の事業部が製品単位であるとすれば，むしろ市場の同質性，製品技術の同質性などから，事業部を横断した問題を調整する機能をもつと理解される。

事業本部が企業のなかでより独立的で自主的な権限をもつにつれて，それは資本投資責任が留保された単位となるが，1980年代の事業本部制はそのような機能をほとんどもっていなかったようである。

　この事業本部の損益計算書は，工場と事業部の取引の相殺結果と営業事業部の業績とを合算したものであり，営業部は利益センターであるが，社内商社機能ということから，製品の在庫・売上の第1次責任はむしろ製造事業部にあるということになる。

　以上のことから，製造・企画・開発は製造事業部が担当し，営業活動は製造事業部と営業事業部あるいは営業部が共有するかたちでのプロセス統合が組織においてなされており，最大の利益源泉は工場管理に求められることになる。このような組織の得失は次のようになろう。

(1)　製造事業部に事業責任の所在があり，製造がコア競争力であるとき，営業から製造までの権限と責任が製造をコアにして位置づけられていることが明確である。

(2)　営業と製造の分離により，製造責任と市場責任とがコンフリクトする。そのため，しばしば在庫責任が曖昧になる。

(3)　工場の役割が厳しく規定されているが，製造と開発とが一体化されて運営されているので，工場の資産規模も大きく，工場管理者の自由度が必ずしも低くなく，工場のモチベーションも高い。

(4)　事業部を統括する事業本部制が採用されると，事業部間の横の調整は，本社でなく事業本部長を中心に行われるべきである。これは，すべての調整が本社経営会議の事項とされないことによる，調整時間の短縮と本部（集権）機能の強化をねらったものである。

(5)　しかし，事業本部が，権限という点では資本投資責任が必ずしも明確でない。事業本部長の役割も明確でないケースが多い。

(6)　本社の戦略機構（取締役会，経営委員会）は，事業本部制の役割（事業部間調整責任か包括的業務管理責任か）が明確に位置づけられていないので，事業部間の調整問題で，しばしば事業部あるいは事業本部の意思決定に介入する。

4 製品事業部制の展開とカンパニー制

　製品事業部制を採用したサンヨー，ソニー，オムロン，TDK などの第4グループの企業では，1970 年代において，社内金利制度と社内資本金制度により，事業部制度は大きく展開したといえるだろう。しかし，資本効率性という点では，RI（residual income）法（Kaplan and Atkinson［1998］）で論じられているような，投資センターとしての事業部の位置づけはまだ明確ではない。挽［1996］によれば，① RI では，全社的な最適資本構成計画に基づき，加重平均資本コストというかたちで利子率が決定される。しかし，他人資本と自己資本とに分かれて利子と配当が設定されるときは，そのような考え方はとられていない。また，② 事業部に投下される資本の調達先は本社であるのに，資本の調達源泉別に資本コストが区分して徴収されている点があるので，RI とは馴染まない。

　以上の理由から，社内資本金制度は課題を抱えていたが，日本独自の内部資金管理制度として，分権制において一定の意義を果たしたといえる。しかし，それは，事業本部制のもつ曖昧さと同じで，必ずしも日常の経営管理機能と全般的な経営執行機能との分離を明確に意識しておらず，資本効率性を前提にした経営資産管理を明確に主張する視点が欠けていたと解釈できよう。その点は，すでに第4章，第5章の経済的利益の内容で説明したとおりである。

　カンパニー制のねらいは，事業戦略と全社戦略・財務戦略の分離をねらった大きな改革であったと解釈できよう。そのカンパニー制の一例が，図表9-3 で示されているような財務報告スキームで表される。

　このようなことから，社内（カンパニー）資本金制度*は，疑似的な投資センターとして，図表9-4 にみられるように事業での資本の効率性をねらう管理からみると，ファイナンスの基本的な考え方の採用（資本コストに見合う投資リターンを要求する）というより，事業本部長へ資本効率への動機づけを促すための手段として，本格的なインベストメント・センターの登場への過渡期としての特徴をもつともいえる。しかし，社内資本金制度は，事業

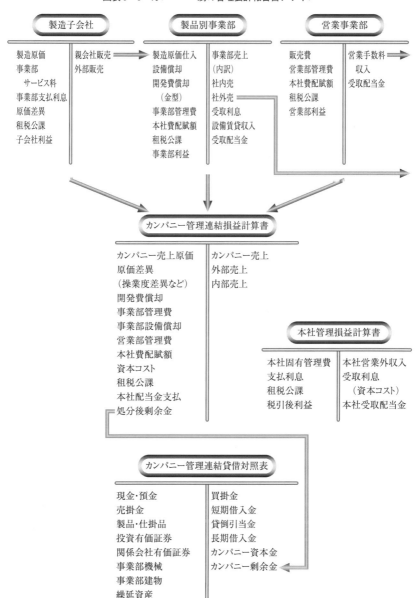

図表 9 - 3　カンパニー制の管理会計報告書デザイン

製造子会社		製品別事業部		営業事業部	
製造原価	親会社販売	製造原価仕入	事業部売上	販売費	営業手数料
事業部	外部販売	設備償却	(内訳)	営業部管理費	収入
サービス料		開発費償却	社内売	本社費配賦額	受取配当金
事業部支払利息		(金型)	社外売	租税公課	
原価差異		事業部管理費	受取利息	営業部利益	
租税公課		本社費配賦額	設備賃貸収入		
子会社利益		租税公課	受取配当金		
		事業部利益			

カンパニー管理連結損益計算書

カンパニー売上原価	カンパニー売上
原価差異	外部売上
(操業度差異など)	内部売上
開発費償却	
事業部管理費	
事業部設備償却	
営業部管理費	
本社費配賦額	
資本コスト	
租税公課	
本社配当金支払	
処分後剰余金	

本社管理損益計算書

本社固有管理費	本社営業外収入
支払利息	受取利息
租税公課	(資本コスト)
税引後利益	本社受取配当金

カンパニー管理連結貸借対照表

現金・預金	買掛金
売掛金	短期借入金
製品・仕掛品	貸倒引当金
投資有価証券	長期借入金
関係会社有価証券	カンパニー資本金
事業部機械	カンパニー剰余金
事業部建物	
繰延資産	

図表 9 - 4　社内カンパニー制

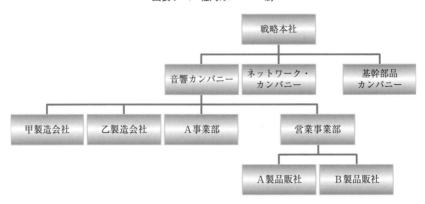

（本）部長に，負債資本のほかに自己資本の効率性を認識させる第1ステップとなり，また本社への事業（本）部からのクレームを明確にする。たとえば，社内金利コストのレイトが適切であるか否かの問題，配当額の増減と事業部ミッションとの関係を議論の俎上にあげることができる（田中編 [1995] キヤノンの事例）。

＊　社内資本金制度は，事業部別に資本金を設定して，事業部に対して社内金利，配当金，および税金支払（法人税）後の利益の留保を認める制度である。なお，資金調達は本社に残されている。挽 [1996] によれば，社内金利制度と事業部資本金制度は密接に関係しており，社内金利制度は，誕生期（1950年代～64年），発展期前期（1965～84年），発展期後期（1985年以降）という発展過程をたどってきた。この区分は，企業（売上高 2000 億円以上）へのアンケート調査（1995年）からの分析であり，社内金利制度が中心となった誕生期と発展期では，事業部貸借対照表（B/S）の作成に社内金利制度が結びついている。なお，この発展区分は，基本的には標本数の相違に注目したものである。誕生期は，金利制度のみ 9 社，併用 1 社。発展前期は，金利制度のみ 19 社，併用 9 社。発展後期は，金利制度のみ 18 社，併用 25 社である。

　挽 [1996] の調査によれば，金利制度の実施で，第1タイプの B/S（資本金勘定のかわりに本社勘定をもつ）をもつか，B/S をもっていない場合には，売上債権に対する増大の歯止め，棚卸回転率の維持などをねらいとし

て実施している実態が浮かび上がってくる。これは，誕生期の時代背景とも関連するだろう。また，1960 年代の発展期では，通産省（現・経済産業省）における答申（事業部制による利益管理）でも指摘されているとおり，利子をかけるベースは各事業部の使用資産の効率化をめざし，とりわけ棚卸資産の圧縮，売上債権の回収をねらいとしているといえる。

　その流れが明確に形成されたのは，1965 年以降であると考えられる。すなわち，社内借入金などの調達資金源泉ベースに異なる社内レートが適用された。これは，他人資本に対する事業部長の意識に反映されることになる。さらに「売上債権などを管理する工夫として，事業部ごとに標準回転期間を参考に，借入枠を設定し，それを超える場合，利子率を高くしている企業もみられる」（挽［1996］93 ページ）。

　この第 2 タイプの B/S（事業部の資本金勘定を設定し，留保利益を認める）では，利子を控除するベースとして次のような区分があげられている。
  (1)　利子をかけるベース：流動資産－買入債務については，短期借入見合
　　　　　　　　　　　　　　利子率
　　　　　　　　　　　　　固定資産－投融資については，長期借入見合利
　　　　　　　　　　　　　子率
  (2)　借入金：社債および借入金調達コスト見合利子率
　　　　　　　　もしくは，短期プライムレート＋長期プライムレート
　　　　　　　　もしくは，短期プライムレート

木村［1996］によれば，日本型カンパニー制と呼ばれている投資センターは，4 つの特徴をもっており，とりわけ自己完結性という点で，疑似分社制という意義を最大限に従業員のモチベーション向上に使いながら，一方で，財務資金の機動的な配分が社内で行われるという点を生かそうとする苦心された組織といえるだろう。その 4 つの特徴とは，次のとおりである。
  (1)　社内会社ともいうべき，自己完結的な事業単位である
  (2)　権限委譲の結果として経営資源の配分を任され，その結果責任をもつ
  (3)　顧客志向・市場志向の組織である
  (4)　一般的に従前よりもスリムな本社をめざしている

　さらに，ソニー，日立，松下のカンパニー制をみると，各カンパニーの利益率や事業成長率は，事業ミッションに応じて異なる。そのために事業に応じた戦略の策定が必要である。規模の利益や生産戦略から，ある事業では規

模をベースに利益をあげるが，最終市場に近い事業ではむしろ差別化戦略により，製品単価の高い製品・サービスの提供が重要な戦略として採択される場合がある。1994 年のソニーによるカンパニーの採用，95 年の日立によるグループ制（ここでは，第 3 グループであった）の採用，さらに松下による 96 年の社内分社制の採用。この特徴をみると，大きな流れは次のような点にあるといえる。

(1)　事業部資本金制度を発展させたものとしての見方（木村［1996］）

(2)　SBU（strategic business unit：戦略的事業単位）の確立による，資本効率性をねらった執行組織の明確化

(3)　内部の投資持分の管理組織（社外分社管理単位としてのカンパニー）とコア事業の自律化のための組織

(4)　単年度の経営から，戦略経営を進めるための長期的経営への仕組みとしての社内資本金制度と事業部 B/S の確立（小倉［1996］）

(5)　執行単位と統治組織の仮想的な区分による経営統治確立への試み

(6)　企業グループのリストラクチャリングの促進（金井［1994］）

以上のような多様なねらいが指摘されているが，本来，カンパニー制そのものは，これまでの製品事業部制による分権管理を一歩進めた分権経営である。そこで，事業体としての独立性と市場適応ということが重要な前提であるとすれば，株主価値からみたうえでの経営的な意義としては，どのように統合するかということが一層重要であるということになる。統合は，経営体としての一体化，経営目的の達成をめざすものであり，離合集散による市場を通じた調整でなく，組織による調整のメリットをもたなければならない。なぜ統合するのかということこそ，カンパニーでは考えるべき課題なのである。すなわち，①企業の成長をさらに進めるためなのか，②企業の存続を確保するためなのか，③株主価値を最大化するためなのか。アメリカ企業では，③に他が従属するといえる。そのために，分社化，さらには資本関係を解消する分離独立化することも，株主価値最大化から容認される。日本企業は，むしろ，②の存続と従業員価値の維持が③以上の価値をもつように思われる。そこから長期経営，戦略経営が求められる。そのためには，これまでの生産事業部モデルから，戦略とコントロールとが相互に適合したカ

ンパニー型ビジネスモデルが構築されるべきであり，その結果としての管理
会計は，統合的価値を最大にするために，各部分の貢献を明確にすることが
必要とされていると考えるべきである。

5 事業モデルの構築

　事業組織デザインが事業モデルの基礎であるとすれば，事業モデルは存続
するための具体的な価値連鎖の仕組みであるといえるだろう。

　たとえば，ソニーでは，5つの事業サイクル・モデルが構想されている。
① 基盤技術事業――セミコンダクター，② 応用製品事業――コンポーネン
ト事業，③ 通信事業――ネットワーク・システム・ビジネス，④ マルチメ
ディア事業――レコード，エンタテイメント，⑤ 金融サービス事業――生
命保険・金融である。音響・映像技術基盤から始まり，それを元にした製品
群の製造・販売およびその流通に必要なネットワークとコンテンツをもつこ
とで，消費者への提供から販売決済に至るまでを含めて，消費者をとらえる
ことが念頭におかれている。それを支えるための枠が，ソニー・ブランドで
ある。この大きな枠に合致するように各 SBU は連鎖することになる。SBU
である各カンパニーは，大きな事業ドメインの範囲で投資採算責任を明示さ
れるが，各 SBU の事業採算構成はリスクと収益率で大きく相違する。セミ
コンダクター事業では，投資リスクが高く，期間平均利益率は低い。金融
サービスでは，比較的投資リスクは低く，利益率は高い。すなわち，リスク
と利益は，事業ドメイン間において平準化されないことになる。個別のカン
パニーでの事業経済価値を最大化するのではなく，ソニーというブランドの
価値連鎖の全体から利益をあげることが重要なのである。本社がカンパニー
に期待するのは，市場原理によるカンパニーの客観的評価とカンパニーにあ
わせた人材開発とコア技術の開発，それに高収益な SBU からの資金回収と
より高い収益率を明示している SBU へのその資金の再投資の構造的デザイ
ンである。管理会計は，そのために，前述のような仕組みに加えて次のよう
な視点も強調されるべきである。

　(1)　振替価格の戦略的利用による価値連鎖全体での戦略実現

(2)　技術リソースの戦略的コスト・センター化と明示的な回収の仕組みづくり

(3)　カンパニー業績評価におけるミッション別目標差別化（Govindarajan and Gupta［1985］）

(4)　資金管理の集中化と管理会計による SBU のリスク調整ずみの業績測定とのバランス（塘［1999］）

(5)　人事評価における各 SBU 長へのインセンティブの明確化（横田［1998］）

　すなわち，B/S や P/L（損益計算書）では第 3 グループと第 4 グループを明確に区別できないが，第 4 グループの企業は戦略という点で異なる動きをしていると思われる。すなわち，市場原理と統合原理の一層の緊張関係である。もちろん，この区分は産業グループとしての中間財あるいは産業財製造会社と消費財・小売産業グループとにある程度分けることもできるが，必ずしもそれだけではソニー，京セラ，オムロン，あるいは NEC，東芝のカンパニー制への組織戦略の転換は説明できないといえるだろう。

　そのような流れから，図表 9-5 では，一連の価値創造の関係を示した。ここでは，従業員の活動である現場の知恵が必要とされる（顧客付加価値を生む）。さらに，絶えざる改善がその結果としてなされる。そして，もう 1 つは，カンパニー長は財務コストを意識した経営をする必要があるということである。

　企業の価値は資産の総額であり，別の面でみれば，負債価値と資本価値の合計である。この価値の成長を図ることが，従業員価値にも，また株主価値にも貢献するといえる。そのような投資機会がなければ，市場から資金を調達し，成長することは許されない。そのための仕組みづくりは，あくまで，事業環境と投資機会を所与とすれば，従業員の活動にかかっている。この関係を示したのが，図表 9-5 である。カンパニーを評価する測度は，最終的には財務尺度であり，経済的利益もしくはそれに類似する概念の適用が必要である。しかも，その実現を促すには，業務の業績尺度や事業戦略の目標尺度が必要である。その関係も図示されている。とりわけ，企業の競争力は，資産利益率の向上にかかっている。それは，顧客付加価値を高めるための価

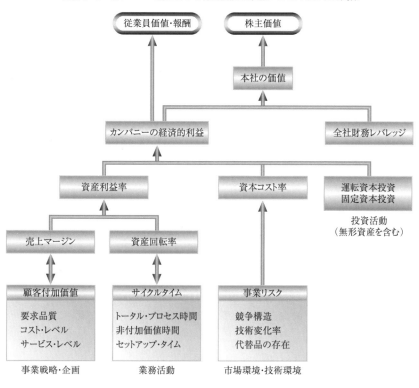

図表9-5　カンパニー制における株主価値と業務プロセスなどとの関係

格（コスト），品質，サービスに分解される。もう1つは，資産回転率の向上であり，サイクルタイムの短縮である。サイクルタイムの短縮には，これまでの工場内での非付加価値時間の低減にかえて，トータル・プロセス時間の短縮が必要である。このトータル・プロセス時間は，各カンパニー全体での価値連鎖を念頭において考えなければならない。これまでの部分最適な活動では，この流れを向上させることは不可能であろう。

　カンパニーの資産価値は，運転資本・固定資本による。そのうち，固定資本には無形固定資本も含まれる。たとえば，人的資産の教育・訓練・研修などのコストも，一度，資産計上されて，成果の発現期間にあわせて費用化されるべきだろう。人的投資と重ねて，従業員価値はカンパニーにリンクすべ

きである。本社価値はガバナンスの課題であるが，従業員はその活動する場の成果に対する責任と配分にかかわるべきであろう。

　日本企業のカンパニー制の採用は，それ自体は時代の要請であり，けっして最終的な組織デザインではない。環境や戦略が変われば，また違った組織デザインが採用されよう。そのことは，管理会計のデザインにも妥当することである。ここでの議論は，その意味で暫定的である。しかし，そのベクトルは，競争のなかで生き残るための企業経営の進化の流れを適切に示すものという点で，その内容を理解することが経営者にも研究者にも要請されているといえるだろう。

ま　と　め

　さまざまな組織デザインとそれを支援する管理会計システムのデザインが提案されている。ここでは，そのうち，最も今日的なトピックスである投資センター（カンパニー制）について，2つのグループの関係をみながら考察してきた。日本企業の良否は，いずれの場合にも，同質的な競争による同質的な進化が大きな競争力を生んできた。それが，戦後の企業群でみれば，戦後ベンチャーから立ち上がり，大きな企業グループを形成するに至ったソニー，京セラ，オムロン，TDK，ホンダなどの企業群である。その多くは，生産事業部制から製品事業部制，さらにはカンパニー制（日本型の投資センター）の採用へと移行してきた。一方で，戦前から存在する製造企業グループは，繊維や資源関係の企業グループをてこに，1960年代の高度成長を契機に鉄鋼・化学・造船などの重化学工業グループ，さらに70年代末からの自動車・電機・電子工業グループなどを中心にして，事業部制を積極的に採用し，国内での熾烈な同質化競争を経て，品質・コスト・デリバリー能力に磨きをかけてきた。それらコアな生産・企画能力を支えるものの1つに，管理会計デザインがあったといえよう。

　しかし，トヨタ自動車を代表とする自動車産業での一連の革新的な管理会計モデル，すなわち原価企画・原価改善・原価維持といったものを除くと，組織デザインと管理会計のかかわりは，松下事業部制システム（社内資本金

制度，標準バランスシート，標準インカムレポート）を例外として，多くのものはアメリカからの輸入品であった。しかし，1990年代の大きな構造転換と資本市場のグローバル化のなかで，日本企業はいまや，第4グループの企業群を先頭にして，新たな組織デザインと管理会計の構築をめざしている。ここでは，その試みの一端を，日本型カンパニー制をよりどころに説明してきた。

　そこでは，これまでの日本企業のメリットである従業員の現場ベースの能力開発方法と欧米並みの戦略立案能力をミックスさせた，新たな管理会計を模索していることが示された。それが，経済的利益とカンパニー制の融合であり，ABC（activity based costing）とカンパニー制の結合であろう。ここでは，その大きな流れの1つを考察したことになる。

〈参考文献〉

Govindarajan, V. and A. K. Gupta [1985] "Linking Control Systems to Business Unit Strategy : Impact on Performance," *Accounting, Organization and Society,* Vol. 10, No. 1, pp. 51-66.

Quinn, J. B. [1992] *Intelligent Enterprises,* The Free Press.

Gagne, T. E. [1995] *Designing Effective Organizations,* Sage Publishing.

Simon, R. [1995] *Levers of Control,* Harvard Business School Press.

Muller, G. and F. Choi [1996] *International Accounting,* Prentice-Hall.

Sanchez, R. et al. [1996] *Dynamics of Competance-Based Competition,* Pergamon Press.

Nadler, D. A. and M. L. Tushman [1997] *Competing by Design,* Oxford University Press.

Barham, K. and C. Heimer [1998] *ABB : The Dancing Giant,* Financial Times.

Cooper, R. [1998] *When Lean System Collide ?,* Harvard Business School Press.

Kaplan, R. S. and A. A. Atkinson [1998] *Advanced Management Accounting,* 3th ed., Prentice-Hall.

ウイリアムソン，O. E.（浅沼万里・岩崎晃一訳）[1980]『市場と企業組織』日本評論社。

ガルブレイス，J.（梅津祐良訳）［1980］『横断組織の設計』ダイヤモンド社。

西沢脩［1981］「高収入の原動力 松下電器の事業部制会計（上）（下）」『DI
　AMOND ハーバード・ビジネス・レビュー』4 月号，6 月号。

二神恭一・小林俊治［1982］『マトリックス組織入門』早稲田大学出版部。

ガルブレイス，J. R.，D. A. ネサンソン（岸田民樹訳）［1989］『経営戦略と組
　織デザイン』白桃書房。

小倉昇［1990］「リストラクチャリング戦略と管理会計の役割」『会計』第 137
　巻第 6 号。

バートレット，C. A.，S. ゴシャール（吉原英樹監訳）［1990］『地球市場時代
　の企業戦略』日本経済新聞社。

山之内昭夫［1992］『新技術経営論』日本経済新聞社。

金井一頼［1994］「前川製作所」寺本義也編『フィールドスタディー──グ
　ループ経営，製造業編』中央経済社。

日経ビジネス編［1994］「競争力を生む矛盾の哲学」『日経ビジネス』1 月 24
　日号，13〜22 ページ。

田中隆雄編［1995］『フィールドスタディー──管理会計』中央経済社。

日経ベンチャー編集部［1995］「不況に強い人で経営」『日経ベンチャー』6 月
　号。

石倉洋子［1996］「ABB 社のマトリックス組織」『DIAMOND ハーバード・
　ビジネス・レビュー』4 月号。

小倉昇［1996］「事業部制管理会計の新しい流れ」『JICPA ジャーナル』第
　486 巻。

木村幾也［1996］「カンパニー制等における管理会計情報の課題と展望」『会
　計』第 149 巻第 2 号。

小林敏男・榎本悟［1996］「日本型組織設計の現状と課題」『大阪大学経済学』
　第 46 巻第 1 号。

野中郁次郎・竹内弘高［1996］『知識創造企業』東洋経済新報社。

挽文子［1996］「社内金利制度の発展と事業部 B/S」『会計』第 149 巻第 5 号。

前川正雄［1996］「独立法人化経営と『生かされている場』としての企業」『ビ
　ジネスインサイト』夏季号。

田中隆雄［1997］『管理会計の知見』森山書店。

頼誠［1997］「カンパニー制の意義と課題」『滋賀大学経済学部研究年報』12
　月。

鈴木研一［1998］「ABC/ABM とコーディネーション」『企業会計』第 50 巻第 3 号。

横田絵里［1998］「日本企業の業績主義への動きとマネジメント・コントロール」『会計』第 154 巻第 6 号。

賴　誠［1998］「独法経営とコーディネーション」『企業会計』第 50 巻第 3 号。

浅田孝幸編集代表［1999］『戦略的プランニング・コントロール』中央経済社。

塘　誠［1999］「グローバル企業における会計・財務管理に関する研究――グローバル企業における財務集中化手法と会計コントロール」大阪大学修士論文。

鈴木研一［2001］「日本における ABC の現状と ABM の発展方向についての研究」大阪大学博士請求論文。

田中隆雄［2001］「ソニー(株)における企業価値経営：EVA の導入と新報酬システム」『企業会計』第 53 巻第 2 号。

終章 戦略管理会計に向けて

1 戦略論のダイナミズム

　戦略管理会計の確立（Ward［1992］，Simmonds［1983］）が叫ばれて，20年あまりが経過した。その間に，戦略論そのものは大きく変化している。かつての，多角化や総合化といった規模の経済性や種々のシナジーを求めた静態的理論としての戦略論は陰をひそめ，中核的な能力論や資源依存理論による内部でのリソースの蓄積と外部との連携，あるいは提携による企業間ネットワークを基礎においた動態的戦略論が注目されて久しい（管理会計に関連するものでは，クーパー，スラッグマルダー［2001］がある）。その流れのなかで，管理会計はモデルとして検討されている。たとえば，水平戦略，創発（emergent）戦略などの有機的な組織理論を基礎においた構造化の困難な論理に立った戦略論と，それを基礎においた戦略会計の構築である。

　実際に企業組織をみても大きくその構造は変化しており，たとえば，化学会社では，かつての買収・合併による複数事業部制による多角化をねらいとした戦略から事業の集中化とリスクを果敢にとるイノベーション戦略へと戦略的関心の焦点はシフトしており，バスフやサンドなどの化学あるいは製薬会社はバイオやファインケミカルに特化し，バルクケミカルを他社に売却することで，ビジネス・ドメインを将来の成長可能な事業に大きくシフトさせる動きがある。ヨーロッパで成功を収めた携帯電話および通信ネットワークのノキアは，かつてのゴム会社から通信・モバイル製造会社へと大きく変身

を遂げ，資源投資を一点集中的に実施して現在の成功を収めるに至っている。

　管理会計は，このような企業戦略論の大きな変化の流れを受けて，かつての外部環境の安定性を前提に精緻な計画モデルをもとに分析する価値連鎖モデルや競争戦略論にそった理論では，現実に有用な管理会計システムのデザインを提案できなくなっている。シャンク，ゴビンダラジャン［1995］の戦略的コスト・マネジメント論などでは，既存の業界を基礎に大きなイノベーションなどは前提にしないで，価値連鎖のプロセスを戦略的ポジショニングにあわせて段階的に他社と違うプロセスを構築することと，それを広義のコスト・ドライバー（規模，品質管理，製品種類など）に応じて組み上げることに関心があった。しかし，現在の競争戦略は，たとえば，これまで安定的であった物流産業におけるフェデラル・エキスプレスとユナイテッド・パーセルの競争は，規模やコスト・リーダーシップの競争から，IT 技術を基盤にしたビジネスモデル間の優劣を競う熾烈な競争を中心にしたものに大きく移行している（福島［2000］）。それは同じ業界でありながら，事業プロセスを構成する活動連鎖のダイナミックな組み替えによる，顧客価値の圧倒的な向上に対する競争である。このように競争方法のダイナミックな変化によって，生産技術，情報技術，マーケティング，ファイナンスなどの職能領域でも新たなイノベーションが間断なく起こっており，戦略管理会計もそれらを包摂する新たな概念を必要としている。

　前述したフェデラル・エキスプレスなどは，サプライチェーンという考え方を採用し，荷主の戸口から戸口までの配送を追跡し，コスト，配送方法，配送時間，配送品質などの詳細なサービス価値にあわせた価格設定を行っている。このような仕組みのなかで，ABC (activity based costing)，ABM (activity based management) は戦略にそって意思決定のためのシステムとして利用されている。

2　戦略管理会計

　本書は，戦略管理会計ということで，経営者のデザインする戦略投資計画あるいは新たなビジネスモデルを構築・実行するうえで，どのような管理会

計システムが必要になっているのか，またそれがどのような特質をもつ組織を前提として必要なのかを考察しようとしたものである。

　その際，重要な管理会計モデルとして3つのモデルを考察した。1つは，ABCモデルである。もう1つは，キャッシュフロー・モデルである。そして最後の1つは，BSC（balanced scorecard）モデルである。

　ABCモデルは，製品戦略としてどのような製品を今後企画するのか，現状の製品のどれに力をいれていくのか，ビジネス・プロセスのなかでトータルなコストのどこに問題があるのか，あるいは新たなビジネスモデルの採用でコスト競争力がどうシフトしたのかなど，活動あるいはプロセスにそった分析を可能にする。それは，キャプラン，クーパー［1998］が述べた，戦略的ABCの意義である。

　キャッシュフロー・モデルについては，本書では，TOC（theory of constraints：制約理論）に必要なスループット会計モデル，経済的利益（EVA〔economic value added〕）モデル，および正味現在価値（NPV〔net present value〕）モデルとして考察している。それらのモデルを適用した問題の代表例は，資本予算問題と呼ばれる，いわゆる投資案評価モデルとして注目されてきた。本書の第I部では，その基本的な意義やそれに関連する基礎情報としてのキャッシュフロー計算書について解説した。もっとも，戦略管理会計としてのキャッシュフロー・モデルの中心は，EVAなどの評価モデルの構築である。採用する戦略にあわせて，戦略的プロジェクトにより想定されるリスクに応じた目標適合的な行動を執行責任者に誘発するインセンティブ・システムの1つとしてのEVAモデルの意義は大きい。同時にEVAモデルは，資本投資案評価においてもキャッシュフロー・モデルからの情報を利用することから，両者の関係性はきわめて重要である。

　最後のBSCモデルは，EVAなどによる財務目標の実現に向けた，経営指標を具体的に展開するための方法論である。上位目標を財務目標として設定しても，それは行動を直ちに刺激するものではない。また，財務目標を階層的に展開して，部門や活動のコストや収益目標に展開しても，全体の戦略を行動計画に展開することは容易ではない。財務目標では，プロセス間の調整や活動間の調整は，階層的な調整を多くの場合に必要とする。そこで，

BSC は，戦略目標なり財務目標を非財務的な数値・指標に展開することで，部門や活動の調整は，階層的縦の調整を中心としないで，部門あるいはプロセス横断的なストレートな動きとして起こることになる。もちろん，必要な財務指標とも連動することになるが，あくまで財務指標は従属変数である。さらに，BSC は，戦略的環境が変われば直ちにそれに適応し，最適な指標にそって現場が行動する流れを作ることを意図している。BSC は，戦略にリンクしたビジネス・スコアカードとして，これまでの管理会計モデルを包摂するフレームワークを提供するといえるだろう。

　もっとも，BSC は，財務目標だけでなく，顧客目標，内部プロセス目標，それに従業員の学習と成長目標などのバランスのとれた多元的目標の設定・達成を重視する。これは，どのような企業でも必要とされるわけでなく，環境変化の激しい市場や経済環境に直面する企業が対象であり，財務市場からの要求についても十分に意識した経営が要請され，さらには顧客価値の実現には従業員の知識・学習の強化が必要不可欠な産業であることが指摘されている。それは，これまでのような安定した環境で，トップの指揮・命令により経営される企業ではない。むしろ，ビジネス・ユニットが競争環境，市場・顧客環境の変化にあわせて，柔軟に製品・サービスの特性を変更できる主体的な単位から構成されている企業である。

　以上の 3 つのモデルを受けて，第 8 章では，その新たな組織デザインのテーマを緩やかなマトリックス型の企業組織として考察した。事例としては，ヨーロッパに本拠をおくアセア・ブラウン・ボバリ（ABB）社などがその一例として考察されている。その特質は，小さなプロフィット・センターと集中化された生産組織，それに拠点に分散された研究・開発組織である。これらが，管理会計・情報システムおよび統合的な業績評価システムを通じて連携されている。この有機的なネットワークにより，地域のローカルなニーズと，集中的に開発される設備や製品のシーズが対応できる。この関係性を生み出すのは，戦略的な組織デザインとそれに合致した管理会計システムである。ABB 社では，ABACUS というコミュニケーション・システムと ABC という原価計算システムが大きな役割を果たしていることが考察された。もちろん，それ以外の要素もあるであろうが，小さくしかも分権化された組織

において，市場あるいは顧客のニーズに対応して必要な単位が協力して素早く対応するには，それら単位を協調させ外の競争相手を上回る技術力・資金力・マーケティング力・応答力が必要である。それを支えるインフラとして，業績測定システムとインセンティブ・システムに連携したコミュニケーション・システムが重要である。

　しかし，このようなマトリックス型の企業組織では，業績測定は，しばしば製造や販売さらには開発などの基本作業別に専門化が一層進むことになる。これを全社的な目的や目標と統合化させるのが，BSCのねらいである。キャッシュフロー・モデルやEVAなどの財務モデルも，そのような経営者のねらい・戦略を追跡し，ビジネス・ユニットを評価するためには有用であるが，従業員へのモチベーションという意味では十分でない。なお，モチベーションは，トップだけでなく各機能を担う従業員が，それぞれ企業目標，ビジネス・ユニット目標に向けてそれを達成するように自ら意思をもって行動することを意味する。ところが，環境変化が激しく，顧客価値が大きく短いインターバルで変わり，競争企業が次々と新手の製品を投入する現代では，単純な目標設定はますます従業員の決定・行動を経営のねらいから離れるものとする。

　たとえば，第8章で詳述した前川製作所の事例を考えてみよう（頼[2001]）。この企業は，持株会社組織で運営されており，地域にはマーケティングとアフター・サービスを担当する100％所有の子会社が多数置かれている。前川製作所の製造拠点は，マーケティング組織とは別に一ヵ所に集中的に立地され，プロセス別に法人化されている。研究・開発機能も分散されてなく，製造組織の近いところで独立法人として，地域法人から移転される研究原資と本社からの資金で経営されている。すなわち，研究・開発，製造，それにサービス・マーケティング組織が，それぞれ本社会社とは準独立の組織として運営される。各地域の営業・サービス法人は，管理会計上はP/Lを策定することで，業績評価されている。生産法人は，資産価値が重いので，P/LとB/Sを作ることで業績評価されている。これは，それぞれの法人の財務・資産構成から必要とされる。しかし，人事マネジメント（採用・配置），資本・負債マネジメント，短期資金マネジメントは，すべて前

川製作所の親会社により集中管理され，地域独立法人は資産のほとんどが
リースでコスト処理されている。これらが，財務面での戦略支援システムで
ある。しかし，戦略を実際に策定・実施・評価するには，顧客価値・従業員
価値を測り，評価する仕組みが必要である。前川製作所では，それが地域会
議であり，地域総研などの会議体の存在である。また，それを包括する全体
戦略会議が，関係する各独立法人の代表者によってほぼ同等な資格で運営さ
れている。この会議システムとそれによる戦略策定・実施・レビューの流れ
が，先ほどの財務モデルと連携されているために，財務指標はさほど重視さ
れない。この会議体の運営のなかに，戦略管理会計に必要な仕組みが隠され
ているようである。

　もっとも，前川製作所にも課題があり，それはプロジェクト・マネジメン
トがこれまで以上に重視されてきていることである。同社の製品・サービス
は，冷凍倉庫の建設・サービスから，トータルな冷熱サービス・プラントの
建設・運営・サービスに移りつつあり，ライフサイクル・サービス会社をめ
ざしている。そのため，設計・施工を中心にしたエンジニアリング会社から，
より長期にわたる顧客価値の実現をめざすサポート・ビジネスが大きな事業
領域になり始めている。これまでの，子会社法人の緩やかなネットワークの
組織デザインから，顧客前線でのプロジェクト組織を基本にした柔軟な結合
と分散，および集中的な製造組織というまったく異なる原理をもつ組織デザ
インの並存こそが，重要になってくる。これは，プロジェクト・コスト計算
モデル，経常的サービス・コスト・モデルの連携の必要性を示唆している。

　戦略管理会計は，このような顧客価値の実現のために，組織革新に対して，
その事業戦略を支援する仕組みとして機能すべきであろう。ソニーやABB
社の議論はそのための１つのサンプルと理解されるべきである。

3　日本型組織デザインと戦略管理会計

　第９章では，日本企業の最近の大きな動きとして，カンパニー制に注目し
た。カンパニー制は，日本型事業部制の１つの進化した形態である。その進
化への動きは，技術・環境の大きな変化に対する日本的な戦略的対応にある。

重要なのは，戦術的な組織変更でなく，戦略的な組織変更であることである。カンパニー制の代表例であるソニーは，ネットワーク・サービス，コンテンツ・サービス，エレクロニクス・コンポーネント製造，基盤部品製造からなる大きな括りの準独立会社から構成されている。これまでの事業部制や事業本部制から2つの点で進化したものとなっている。1つは，ガバナンス・システムの明確化であり，執行機能と統治機能の分離である。もう1つは，サービスと製造をつなぐビジネスモデル（ネットワーク・ビジネス）を前提にした企業組織デザインである。これまでの市場別組織，あるいは製造別組織といった一元的な組織デザインとはかけ離れたものである。早い技術進歩と多様な技術の融合化を積極的に推し進めることと，それをサービスとして顧客につなぐためにマトリックス組織を採用している。それをソニーでは，カンパニー制と呼称している。

　さらに最近は，EMS（electronic manufacturing services）を意識し，製造機能はサプライチェーンのなかで，統合的生産システムとして最終製品組立機能と設計機能に特化し，むしろ自社製を必要とする基幹部品でないものはほとんどアウトソーシングするというかたちで，時間を買う戦略を進めている。EMSのまわりにアウトソーシングする仕組みを導入したのである。このような流れは，戦略とともに，B to Cと呼ばれる消費者へのネットワーク販売と，B to Bと呼ばれるネットワーク購買により行われ，生産システムはフレキシブルに，製造プロセスをその時々に必要な製品製造にあわせて組替え可能である。しかも，EMSの生産管理としては，多様な製品生産のためのスケジュール計算，コスト計算を精緻にできる仕組みが必要である。管理会計は，ソニーのこうした戦略を支援するために，設計者みずからが製品のリスクとコストのトレードオフを見積もり，そのあるべき範囲で製品を市場にすばやく送る仕組みをもっていることになる。しかも，カンパニーの成果を測るためのあるべき管理会計計算は，開発から生産・販売まで含めて製品ライン別にEVAが求められるべきである。このEVAの成果指標は，すばやくライン管理者の業績評価に反映される。EVAが優れている理由の1つは，加重平均資本コストを反映することであり，適切な資本コストが算定されているという条件で，製品セグメントからプロジェクト・レベルまで，

事業リスクに応じた経済的成果が算定されることになる。

ソニーは，財務戦略においても，資金調達の低コスト戦略性を高めるために，トラッキング・ストックを導入して，最も成長する事業をもとにした株式発行により低コストで資金を調達しようとした（田中 [2001]）。NTT は，最も重要な戦略子会社をカンパニーでなく公開企業にする戦略をとり，少数株主からの脅威にさらされている。ソニーは，戦略会社の株式は 100% 自社保有とする。ここに大きな戦略性の差異が認められる。

第 9 章では，カンパニー制のための社内資本金制度や連結財務諸表を管理会計モデルの重要な要素として説明してきた。しかし，このような方式は，内部組織としての柔軟な組替えや分離・統合が，内部システムであるゆえに行えるという特性を戦略的に利用してこそ意味があるといえよう。社内資本金制度や社内金利・配当制度などが，上記の柔軟なカンパニーの部品セグメントを組み替えることへの抵抗装置になれば，むしろ戦略的組織デザインとしてのカンパニーは大きな落とし穴に陥るであろう。カンパニーでなく持株会社制度を採用するねらいは，このカンパニー制とは異なる意義を示唆している。すなわち，持株会社制度の採用は，持株会社の子会社への厳密な財務コントロールを実施することで，客観的な事業戦略と事業評価を可能にし，子会社の事業リスクを持株本社から遮断するうえでも有効である。

そのような理由から，結論として，第 9 章のモデルは，ネットワーク・カンパニーを試行するシステムとしては有効な戦略デザインでないかと結論づけることにしたい。

これと対照的な例として，三菱重工があげられる。三菱重工は，地域別製造事業所（長崎，広島，神戸，名古屋，横浜など）と事業本部（商品別組織），および本社営業（顧客別組織）の 3 つの組織がマトリックスになって構成されている。そのうち，地域別製造事業所と事業本部はインベストメント・センターであり，それぞれ利益をプールしうる単位である。本社直属の営業は，顧客（官公庁）から受注する。製造事業所は，他の製造事業所と製品について一部重複しているので，それぞれ競争して受注を確保しようとする。事業本部は，その 2 つの機能を調整する役割をもつ。

この地域別製造事業所は，利益をプールできることによって組織的スラッ

クをもてることから，必ずしも本社が望むようなリスク挑戦的なビジネスを選択する必要はない。あるいは，事業サイクルが ABB 社などに比べると多くの調整を必要とすることから，遅いという問題を抱えていたとされている。カンパニー制のねらいである事業ラインの組替えや柔軟な組織変更と分権のメリットを並存させる仕組みが，むしろ製造事業所が持株会社制度の子会社の悪い面として機能し，本社あるいは事業本部において，カンパニー制の悪い面が機能する可能性があった。全体を戦略的にみる単位のない組織という課題を作ってしまったのである。ここに現在の三菱重工の大きな変革の必要性があると思われる。

4 アメリカ企業の戦略管理会計

　ボーイング社では，株主の意図（株主価値最大化）にそった行動を経営者がとるような仕組みのデザインが財務測定において意識されている。それは，将来期間の予定キャッシュフローを適切に測定するには，顧客価値を意識しうるように，ビジネス・プロセスを横断したコスト・モデルの精度を上げることが重要であるという認識である（浅田 [2001a]）。期間別の費用配分がキャッシュフローの流れと矛盾しない仕組みづくりである。その考え方に基づいて，ABC モデルが利用されている。さらに，短期のスケジュールの最適化と長期のキャパシティ問題との関係を測定するモデルとして，ある事業部では，在庫価値を抑えるためにスループット会計モデルが検討された。このような 2 つのモデルは，単なる代替的な原価計算モデルというよりも，戦略にリンクして，どのビジネス・プロセスにはどのような特性をもつ管理会計システムが必要であるのか，を考察した結果とみることができよう。さらにボーイング社では，航空機そのものを，技術中心のビジネスとみるのでなく，どのような航空機が顧客あるいはエアラインから望まれているのかを分析し，その結論から原価企画を採用した。すなわち，コスト・品質・デリバリーの同時的な達成が航空機の製造・販売・サービスに求められており，それが，顧客であるエアラインのエンジニアを含んだ DBT（design built team）の採用であった。

日本の企業におけるカンパニー制採用とそれにあわせた管理会計デザインの変更は，直截的にみるべき事例は限られている。先ほどのソニー，前川製作所などほんの一握りである。しかし，ここで説明したボーイング社は，エアバスとの対決戦略（confrontation strategy, この概念については，Cooper [1995] を参照）から，航空機製造・販売などの仕組み，それを実際に企画・設計する組織，さらには従業員を業績評価する仕組みまで，10 年のスパンのなかで大きくリデザインしている。

　管理会計が，戦略支援のためのコントロール・システムであるとすれば，資源投資から，資源消費，資源回収，そして次のプロジェクトのリスク算定からそれへの投資までの事業ライフサイクルを横断して，コスト・キャッシュフロー・モデルを統一的にみることも必要であり，それをボーイング社は実際に実行していることになる。個別のプロジェクトを評価・分析する仕組みについても，製品・サービス別のトータルなコスト測定においても，意識したシステムが作られている。そのために，具体的モデルとしては，キャッシュフロー・モデル，ABC モデル，さらには EVA モデル，シナリオ・モデルなどの新たなモデルを統合的に利用しようとする方法論が登場している。

　アメリカの現代の戦略管理会計では，ファイナンス理論からの強いインパクトを受けて，事業リスクにあわせた資本コストを意識した経営を実際の戦略実施のなかで消化する仕組みづくりが焦点になっている。それが，ABC と EVA の統合化である。さらに，顧客満足，従業員満足，株主満足といった価値創造に結びつくための仕組みとして，BSC のような統合的モデルにより財務的な成果と他の測定モデルとを統合しようとしているとみることができよう。

　かつて櫻井［1998］が指摘したように，効率性から効果性へというコンセプトの変化によって，コスト最小化から，利害関係者の効用に寄与する目標設定とそれの測定が主張された。その問題の 1 つが環境問題であり，ライフサイクル・コストの低減を通じた顧客価値への貢献である。これらは，株主価値への貢献と同じ程度に重要であるとの主張である。アメリカ管理会計は，ファイナンスによる徹底した財務価値を重視した経営モデルを構築すると同

時に，それのみでは競争に勝つことは不可能であることを自覚している。そのことが，BSC などの理論により，企業は積極的に外部のステイクホルダーの主張に耳を傾け，同時に従業員の価値も大きくするような仕組みとして結実しようとしている。

　アメリカの戦略管理会計は，コア資源を基礎に，周辺的なビジネスからは撤退し，真にその企業の核となる事業プロセスを強化し，外部関係者を満足させるかたちで運用するためのコントロール・システムとして機能するには何が必要であるのかを示唆しているといえるだろう。たしかに，こうした観点からすれば，戦略管理会計として EVA や ABC などの主張は理解できるが，それでは TOC 理論はどうだろうか。これは組織を，大きな階層組織から，フラットでチームベースの組織の集合体として理解したときには，サプライチェーンの課題を解決し，競争力の基本としてのスループットを継続的に改善させていく論理が，そこから読み取れよう。すなわち，工場から購買・サプライヤーまで含むサプライチェーンと，工場から輸送・貯蔵・販売までのサプライチェーンをどう効率化するか，このサプライチェーンのサイクルタイムを低減させるための仕組みとして，TOC 理論は解決方法論を提示したのである（浅田［2001b］）。なぜならば，TOC 理論により管理会計は，短期的な改善で何をやればいいのか，それをどうサプライチェーンのうえで評価すべきなのかについて，その短期的な視点を提供したのである。その最終的な効果は，ABC と EVA により経営的に結論づけられることになる。

5 日本企業の管理会計デザインの今後

　日本企業は，そのようなアメリカの動きを意識しながらも，日本流の戦略管理会計を構築することが必要であると思われる。アメリカ管理会計は，1980 年代に日本企業の行動と組織（系列，水平組織），コスト・マネジメント（方針管理，原価改善，原価企画），生産管理（JIT，多能工）から多くを学んだ。アメリカ企業はそれらの知識を実験や経験（たとえば NUMMI：トヨタと GM とのジョイント・ベンチャー）を通じて消化し，アメリカ管理会計のリデザインに成功したわけである。それが，コンセプトとしての ABC と原

価企画・原価改善の統合であり，アウトソーシングによるネットワークを意識した新たなコンセプトとしての原価企画（浅田［2001a］）であろう。しかし，日本企業の大きなコンセプトである，株主価値よりも従業員価値を重視するという視点は，アメリカでは一部の研究者（Johnson［1992］）を除いて，現実には考慮されていないといえるかもしれない。メイド・イン・アメリカで謳われた，従業員と経営者の協力マネジメントは，一部の日系メーカー（たとえば，ホンダアメリカ，京セラアメリカなど）では実践されたが，大手のアメリカ企業では，その変化は1990年代の大きな成功によりむしろ限定されているとも思われる。

ABMと方針管理の統合は，日本流の新たな管理会計の登場を予想させる。間接費管理に強いマネジメント手法でもあるABMを日本流に参加型経営のなかで消化するには，成長を行いつつ，リストラクチャリングを進めるマネジメントが必要である。そのなかで，方針管理とABMの融合が可能性をもつのである（浅田・鈴木［1998］）。日本流の新たな事業部制システムであるカンパニー制は，純粋持株会社制でない事業持株制を採用しながら，むしろ事業本体に強力な子会社を入れ，成長の終わった事業や成熟した事業を分離する仕組みにこそ意味があるといえよう。そのシステムが機能するには，管理会計は，これまでの事業部業績管理会計からマトリックス管理会計をめざす必要がある。その一例が，カンパニー制における事業・サービス別のEVAシステムであろう。これは，松下電工や松下電産のように，資本コストに事業リスクを十分には加味しないものから，花王やソニーのように，ファイナンスの理論を応用したもの，さらにHOYAやTDKのように，事業リスクを考慮するが，計算を非常に簡便化するものなど，やはり日本流の消化方法やユニークさが随所に展開されている。これらを含めて現在なお流動的であるが，近いうちにドミナントな日本型の戦略管理会計が登場するかもしれない。

結　論

第II部では，そのような戦略管理会計のトピックのうち，4つを取り上げ

た。1つは ABC/EVA モデル，2つめは TOC モデル，3つめはマトリック
ス組織とそのための管理会計モデル，4つめはカンパニー制とそのための管
理会計モデルである。これらは，いずれも，オープンな市場でのスピードの
速い事業，あるいは製品企画の立案と実行のための戦略を機能させるための
仕組みである。これらのモデルからの情報が，経営者の戦略評価にきわめて
レリバントな情報の生成を助けることが説明されてきた。しかし，もちろん
課題もある。カンパニー制やマトリックス組織は，事業リスクを一貫して分
析することを可能にし，同時に企画・生産・販売・サービスまでの一連の価
値連鎖のサイクルタイムを大幅に下げることに寄与するであろう。そのよう
な組織を運営し，さらに進化させる戦略的スタッフ，あるいは本社機構のシ
ステムがそれほど明確ではない。日本の管理会計は，それを動かす本社の枠
組みを作りつつあるが，実際にそれを運営し，より環境・市場に適応するた
めの組織的仕組みを設計するという点では，まだまだ課題が多いと思われる。
さらに，付け加えるとすれば，福島［2000］がしばしば指摘した，日本型の
ビジネスモデルの構築である。松下事業部制モデルの成功が日本に多くのミ
ニ松下を生み出した。しかし，それはいまや明らかに限界にきている。しか
も，中国，韓国など製品製造に関してはすでに対等な力をもつ国が身近に存
在する。日本の企業はかつてのアメリカの製造業が経験したように，事業価
値創造のプロセスを大きく変えないと存在できない時代になっているのであ
る。

　ハードな製造とソフトな製造，それになんらかの知的サービスを組み込む
仕組みが求められている。そのすべてを一社ではできない。世界的レベルの
分業のなかで，中核的な製造業を国内に残すためには，最終的な顧客に近い
ところで企業価値を生み出す仕組みが必要である。しかし，それは，サービ
ス業だけでは不可能である。なんらかの製造とサービスを融合するビジネス
モデルが必要であろう。これまでの管理会計は，組織内を市場化する仕組み
にその存立基盤があった。たとえば，振替価格，予算編成・管理などである。
今後は，組織と市場との境界がいままで以上に曖昧になってくる。むしろ，
事業モデル（複数の企業がかかわり，複数の事業部がかかわる）に応じて，そ
のコストやキャッシュフローをプロセス横断的に計算する仕組みや，その事

業リスクを明確化する仕組みが必要ではないだろうか。部分と全体のバランス・統合に多くの管理会計がかかわってきた。しかし，これまでは，自社の影響範囲の外までは考察の範囲外であった。

　戦略管理会計は，その守備範囲を，まさに戦略と事業との関係に応じて，コスト，キャッシュ，サイクルタイム，クオリティー，リスクを測るためのシステムとしてデザインされるべき時代にきているといえるだろう。

〈参考文献〉

Simmonds, K. [1983] *Strategic Management Accounting, in Handbook of Management Accounting,* Redwood & Burn.

Porter, M. [1985] *Competitive Advantage : Creating and Sustaining Superior Performance,* Free Press.

Johnson, H. T. [1992] *Relevance Regained : from Top-down Control to Bottom-up Empowerment,* The Free Press.

Ward, K. [1992] *Strategic Management Accounting,* Butterworth-Heineman.

Cooper, R. [1995] *When Lean Enterprises Collide ?,* Harvard Business School Press.

Tidd, J. ed. [2000] *From Knowledge Management to Strategic Competance,* Imperial College Press.

シャンク，J. K., V. ゴビンダラジャン（種本廣之訳）[1995]『戦略的コストマネジメント』日本経済新聞社。

キャプラン，R. S., D. ノートン（吉川武男訳）[1997]『バランスト・スコアカード』生産性出版。

田中隆雄 [1997]『管理会計の知見』森山書店。

浅田孝幸・鈴木研一 [1998]「日本における ABM の発展方向に関わる一考察：方針管理と ABM の融合」『原価計算研究』第 23 巻第 1 号。

キャプラン，R. S., R. クーパー（櫻井通晴訳）[1998]『コスト戦略と業績管理の統合システム』ダイヤモンド社。

櫻井通晴 [1998]『間接費の管理』新版，中央経済社。

スチュワート，Ⅲ, G. B.（河田剛・長掛良介・須藤亜里訳）[1998]『EVA 創造の経営──経済付加価値』東洋経済新報社。

小林哲夫 [1999]「アカウンタビリティーの概念と戦略的管理会計論」谷武

　　幸・岩淵吉秀編『競争優位の管理会計』中央経済社。

木村幾也［2000］「社内カンパニー制における管理会計情報」『企業会計』第
　　52巻第8号。

福島美明［2000］『ネットビジネスモデルの経営』日本経済新聞社。

浅田孝幸［2001a］「戦略的管理会計の構築」『会計』第159巻第1号。

浅田孝幸［2001b］「ボーイング社における原価企画の進化──米国の原価企
　　画から学ぶもの」門田安弘編著『組織構造のデザインと業績管理』中央経済
　　社。

クーパー，R.，R.スラッグマルダー（清水孝・長谷川恵一監訳）［2001］『企
　　業連携のコスト戦略──コストダウンを実現する全体最適マネジメント』ダ
　　イヤモンド社。

田中隆雄［2001］「ソニー(株)における企業価値経営：EVAの導入と新報酬
　　システム」『企業会計』第53巻第2号。

林昇一［2001］「日本企業の分社化と持株会社戦略」林昇一・浅田孝幸編『グ
　　ループ経営戦略──理論と実際』東京経済情報出版。

門田安弘編著［2001］『組織構造のデザインと業績管理』中央経済社。

頼誠［2001］「日本企業のカンパニー戦略」林昇一・浅田孝幸編『グループ経
　　営戦略──理論と実際』東京経済情報出版。

あ と が き

　終章で述べたように，本書においては，戦略管理会計を，どのような戦略を策定するのか，それが事業においてどのような結果をもたらすのか，といった個別具体的な関係には深入りしないで，戦略実施・事業成果の効果を測定するうえで必要な情報システムとしてとらえ，その意義をモデルを用いて考察してきた。そのためのモデルが，コスト・モデル，キャッシュフロー・モデル，品質評価モデル，スループット・モデル，そしてリスク評価モデルなどである。しかし，それらのモデルを戦略実施に有効に生かすためには，会計システムを財務計算的な視点から解放していく作業が依然として必要であると思われる。すなわち，戦略の実施過程で，より環境の変動に合わせて適合的な戦略へとガイドするだけのさまざまな情報を提供しうるモデルの構築を，方法論として持ち合わせた理論が必要とされているのである。ヨーロッパのスカンディアという保険会社は，そのような管理会計モデルをナビゲーターと呼んでいる。これは，従業員が学習・成長を重ねることで，より戦略を自分たちのものとしてコミットし，企業目的へ貢献すると同時に，個人としても成長を遂げるための手段であるという意義をもっている。そのナビゲーターには，財務的な要素はもちろん含まれるが，それはむしろ財務成果からみれば，より先行する経営指標と人的資源の成長指標との関係を重視したモデルであるといえよう。

　戦略に貢献する管理会計は，キャプラン（R. S. Kaplan）とノートン（D. P. Norton）の登場によって，これまでの価値計算を中心とする管理会計から，ビジネスモデルを一連の測定指標へと変換した写像としてのモデルを用いた管理会計に大きく転換しようとしている。しかも，株主価値の改善を重視しつつも，社会的価値や環境価値など，むしろこれまでお題目として唱えられていたものをも，経営者が意識して測定し，その結果しだいでは，これまでのドミナントな競争方法からの転換すらも考慮に入れたモデル化が進みつつある。たとえば，企業の価値を理解するうえで，人的資本・知識資本など無形資産の蓄積と展開を計測しようとする傾向は，その一端ではないだろ

うか。さらに，企業の戦略そのものも，組織の内部過程の成長を重視したものから，提携，ライセンシング，合弁，さらにはM＆Aなど，異質な資源や文化を自らの資源と融合することが，企業の存続や成長にとって非常に肯定的な意味を有するようになりつつある。ところが，財務会計は，そのような結合・提携・合弁を例外的なものや異常なものとして，排斥あるいは例外扱いしてきた傾向がある。一方で，現実には，1990年代になり，アメリカのニューヨーク証券市場においては，第4次M＆Aブームのなかで市場での株式価値の10％超が，M＆Aにより消滅あるいは子会社化している。10年続けば，ほとどすべての上場企業はその洗礼を受けるというダイナミズムである。現在はその影響が，会計計算にも大きく影を落としている。このような変化を常態とする国や地域での戦略と管理会計は，日本では想像できないものがある。同じように，ガバナンスという課題をみても，日米の経営者・株主の認識格差は大きいと思える。日本のように，大手企業は倒産しないという前提に立った経営者の行動においては，情報開示よりも，関係性の維持や過去の遺産の継承が依然として大きくものをいう可能性が高い。しかし，一方で，このような考え方はもう続かないのではと思われてもいる。

　ボーダレスな市場化と市民化の流れのなかで，企業経営はおのずと，これまでの個別対応で内向きの経営方針・戦略を棄てざるをえず，その結果として，リージョナルであろうと，グローバルであろうと，国境を越えた経営と新しい競争者を前提に，何が自分たちの存在の意義であるのかを明確にした参加的経営が求められているといえそうである。その場合には，まさに，参加者が，企業の文化や戦略にどう共感し，またそれを理解するかといった共同化の手段として，戦略を組織メンバーが共有するモデルを設計することが大きな意義をもっていると思われる。

　研究者の一人としては，日本的管理会計構築への強い思いがある。それは，日本企業の人的資源・雇用や評価システムなどでの独自性が日本企業の競争力強化にプラスであれば，一般的意義をもつであろう。しかし，そのような仕組みは，欧米・アジアなどでの日本企業の競争を通じて，より普遍的な競争原理に立脚する必要があることがすでに自明となりつつある。本書で考察した内容は，その意味では，日本的なデザインの仕組みと欧米のモデルを多

分に接木した戦略管理会計を模索したものということがいえるだろう。この方向で管理会計モデルをさらに考えるべきか，あるいはむしろより普遍的な部分を抽出して戦略管理会計を検討すべきか，が大きな課題であろう。しかし，欧米にない文化やシステム・慣行が，アングロ・サクソン・モデルとは異なるモデルで，経済的な成功を収めたこともまた事実である。ただし，それは，絶えざる競争を通じて改善され，時には，進化することで普遍性を持ち合わせてきたのである。

　キャプランとノートンの研究からスタートしたバランスト・スコアカードも，リコーや関西電力で実施されている日本企業のバランスト・スコアカードでは，環境価値，さらには地域価値などユニークな指標を取り入れることを試み，さらに方針管理やTQCをサブシステムとして含む新たな融合モデルが模索されている。それはTQCやTQMで鍛えた全員参加型の経営をさらにブラッシュアップさせる試みとしての可能性をもっている。まさに，欧米の管理会計をそのまま移植するのではなく，日本での独自な思想が加味されることが依然として必要であることを示唆しているといえるだろう。われわれは，そのような経営の最前線で起こっていることを絶えずモニターすると同時に，それを理論的に整理し，さらに高いレベルでの実践的な戦略管理会計へと進むべき時機にきているといえるだろう。

　本書の執筆にあたっては，有斐閣書籍編集第2部の伊藤真介氏に大変にお世話になった。この場をお借りして，心より感謝申し上げる。また，本書は，これまで執筆したいくつかの小論をもとに，それらを発展させたものである。この場をお借りして，これまでの小論を展開する場を提供していただた方々にも，心から感謝申し上げる次第である。

　しかし，本書は，戦略管理会計という大きなテーマに対しては，誠にささやかな一歩にすぎない。著者としては，ここで展開した議論をさらに昇華し，今後の研究につなげていければと思っている。読者の忌憚のないご意見をお聞かせいただければ，誠にこれに優る研究の手段はないと考えている。

　　2002年6月

浅田　孝幸

索　引

事　項　索　引

人 名 索 引

〈著者紹介〉

浅田 孝幸（あさだ たかゆき）

1950 年生まれ

1981 年，神戸大学大学院経営学研究科博士課程修了

現在，大阪大学大学院経済学研究科教授

主著 『現代企業の戦略志向と予算管理システム』（同文舘），『グ
ループ経営戦略：理論と実際』（共編著，東京経済情報出版），
『持続的成長のためのマネジメント』（共編著，白桃書房），
『管理会計・入門』（共著，有斐閣），『IT 経営の理論と実際』
（共編著，東京経済情報出版）など

戦略的管理会計——キャッシュフローと価値創造の経営

Strategic Management Accounting

2002 年 9 月 10 日　初版第 1 刷発行

著　者　浅　田　孝　幸

発行者　江　草　忠　敬

発行所　株式会社　有斐閣　［101-0051］東京都千代田区神田神保町 2-17
電話　(03)3264-1315［編集］　3265-6811［営業］　http://www.yuhikaku.co.jp/
印　刷　明石印刷株式会社　　製　本　牧製本印刷株式会社